和学生一起的日子

王旭霞 / 著

山西出版传媒集团
山西教育出版社

图书在版编目（CIP）数据

和学生一起的日子 / 王旭霞著. — 太原 ：山西教育出版社，2019.6（2020.8 重印）

ISBN 978-7-5703-0441-7

Ⅰ. ①和… Ⅱ. ①王… Ⅲ. ①教育—文集 Ⅳ. ①G4-53

中国版本图书馆 CIP 数据核字（2019）第 088483 号

HE XUESHENG YIQI DE RIZI

和学生一起的日子

出 版 人　雷俊林
选题策划　刘继安
责任编辑　许亚星
复　　审　康　健
终　　审　李梦燕
装帧设计　康　琳
助理设计　孟庆媛　郭俊杰
印装监制　蔡　洁

出版发行　山西出版传媒集团·山西教育出版社
（太原市水西门街馒头巷 7 号　电话：0351-4729801　邮编：030002）
印　　装　山西立方印业有限公司
开　　本　720×1020　1/16
印　　张　11
字　　数　138 千字
版　　次　2019 年 5 月第 1 版　2020 年 8 月山西第 4 次印刷
书　　号　ISBN 978-7-5703-0441-7
定　　价　38.00 元

——序　言——

一

王旭霞老师的《和学生一起的日子》终于和读者见面了。如果把教育比作一座花园，那么，旭霞老师的这本书便是这花园中最新绽放的一朵小花。然而在我看来，这朵“小花”是那样地独特别致，那样地与众不同，那样地不可替代。

这朵“小花”我有幸先睹为快，欣欣然，如沐春风。正沉浸在阅读的愉悦中，旭霞老师抛来一句话：“刘老师，请您给我写个序言。”闻之，惶惶然，如坐针毡。我既非名家、大家，也从未给人写过序言，此等重任，如何担负？虽然心里纠结踌躇，却鬼使神差地回复了她四个字“没有问题”。

是什么原因让我不自量力地慨然应允？我想，是旭霞老师对教育的一片痴情打动了我，是她对学生的大爱之情感动了我，是她对中职学校政治课堂教学的激情触动了我。痴情之于中职教育，大爱之于中职学生，激情之于中职政治课，毫不讳言，这三者已然成为中职学校的稀缺资源。也正因此，对旭霞老师的请求我不忍拒绝，也不愿拒绝。于是，我一头扎进了书稿中，时而被一些细节感动得流泪，时而被旭霞老师的幽默和智慧所感染而会心一笑，有时我也会为旭霞老师的不顾一切、透支身体而在内心深处产生一种深切的担心和莫名的揪心。

二

一提到中职学校，许多人会自然而然地联想到一些词语：学生厌学、迷茫发呆、打架斗殴、谈恋爱、玩手机、教师无奈、职业倦怠、没有存在感、缺乏成就感……这些词语组合在一起，构成了人们心目中中职学校的画面：基调灰暗，线条混乱，虽然人物众多，然而一个个毫无生气，甚至连面孔都是模糊不清的。此种画面，让我们这些从事职业教育的人情何以堪？尤其是"普职比"大体相当①遇到严峻挑战、受到广泛质疑的当下，中职教育何去何从？每念及此，我寝食难安。作为职教人，我们又该有何担当？扪心自问，我四顾茫然。中职难！多歧路，今安在？

正是在这样的情形下，我读到了旭霞老师发给我的《和学生一起的日子》书稿。书稿带给我的惊喜绝不亚于在荒漠中发现了一泓清泉，在迷途中看到了高耸的灯塔，在饥寒交迫的荒山野岭望见了升起的袅袅炊烟，在冷风刺骨的冬夜忽见前方熊熊燃烧的篝火。

三

在旭霞老师的教育视界中，她真的就是那一泓清泉。这清泉，清澈得让人难以置信，没有杂质，透明见底；这清泉，让学生洗去身上的污垢，脸上重新绽放出青春的笑容，更让学生洗去心灵上蒙蔽已久的灰尘，渐趋"表里俱澄澈，心迹喜双清"的新生活。几乎所有的学生都认为旭霞老师"是极美的"。我想，学生眼中旭霞老师的美，不仅仅来自她的容貌，在很大程度上也来自她的纯粹、纯净、阳光、仁爱、自信。无论是升学班，还是就业班，学生们无不被旭霞老师的政治课深深吸引，以至于某一个周五，学校通知提前放学，但学生们强烈要求，要旭霞老师按照正常时间把课讲完。这可是中职

① 2014年，《现代职业教育体系建设规划（2014年—2020年）》提出："中等职业教育是教育发展的重点，今后一个时期总体保持普通高中和中等职业学校招生规模大体相当。"

学校，这可是中职学校的政治课啊，如果不是读到这本书，你能想象到吗？

在旭霞老师的教育视界中，她真的就是那高耸的灯塔。这灯塔，发出耀眼的光芒，驱散了中职生心中的雾霾，照亮了他们前行的道路。王旭霞，“移动着的灯塔，她走到哪里，亮光就照耀到哪里”，读书稿的过程中我多次这样想。处在迷茫中的中职生是多么需要这样的“亮光”啊！因此，在学生心目中，旭霞老师俨然是位女神。某一天，旭霞老师无意中站到办公室的窗前向对面的教学楼眺望，教学楼里的学生顿时狂喜，纷纷到走廊上向旭霞老师挥手致意，旭霞老师担心学校的秩序和学生的安全，赶紧关闭了窗户。此情此景，你能想象到吗？

在旭霞老师的教育视界中，她真的就是那充满人间烟火气的炊烟。这炊烟，让学生感受到家一般的亲切和温馨。家，是让人放松、感受温情、感到安全的地方。旭霞老师给予学生的恰恰就是家人的感觉。她对学生（无论认识的还是不认识的）最常用的称呼有两个，一个是“孩子”，一个是“宝贝”(用于女生)。生活是一面镜子，当你对着镜子微笑的时候，它也会对你还以微笑，对于天真无邪的中职生来说更是如此。因此，在学生眼里，旭霞老师不仅是一位可亲可敬的老师，更是一位随时可以亲近的亲人。当旭霞老师上完一个班的课，走向另外一个班上课时，总会有学生一路“护送”她过去；旭霞老师走在校园里，常常有学生不由分说地上前拥抱她。此情此景，你能想象到吗？

在旭霞老师的教育视界中，她真的就是那熊熊燃烧的篝火。篝火不同于野火，恣意纵横，吞噬一切，是野火的野性；而燃烧自己，温暖他人，则是篝火的使命。为了学生，旭霞老师可以不顾一切，可以“豁出去”（旭霞老师语）。许多人不理解她爱学生为何爱得如此“疯狂”？说实话，我也并非全然理解。但读完书稿我找到了答案：旭霞老师是带着强烈的“篝火”使命感从事教育教学的。只要能温暖学生，哪怕自己“粉身碎骨”“蜡炬成灰”也在所不惜。带着这样的使命感，为了给每一位学生送去温暖，她自费购买了几百张奖状，利用双休日时间手写奖状，一直写到手发麻、头发晕，几近虚脱！此情此景，你能想象到吗？

四

读旭霞老师的书稿，我有一个基本判断：在职业教育的花园中，我们再也找不到一朵与之雷同或相似的“花朵”。这是因为，书中的每一段文字都深深打上了旭霞老师生命的印记，而旭霞老师恰恰是“不走寻常路”的。她爱教育、爱学校、爱学生到了无以复加的程度。读她的文章，没有感觉到累，一篇篇地读下去，一次次地被感动，教育智慧精彩纷呈，拨动心弦，润物无声。

旭霞老师是有相当深厚的文字功底的，因而每一篇文章都通晓顺畅，传情达意极为准确。尽管如此，我还是能明显地感觉到，旭霞老师并没有在遣词造句、谋篇布局方面过于用力。心到、神到、意到、笔到，顺其自然，浑然天成。这样的写作状态恰好暗合了写作的要旨：“好的文章均非用力可为。”（张中行语）

当代学者孙郁评价著名作家汪曾祺时说：“文字从不雕琢，随意而来，悄然而往，而神意楚楚，灵思万种。局部看来平平常常，而整体则摇曳多姿，奇音流转，为人世间绝妙之曲。”王旭霞老师只是一名普通教师，自然不可与汪曾祺先生相提并论。但我以为，就文章的妙趣天成、随意而来，悄然而往、灵思万种而言，旭霞老师的作文意趣与汪曾祺先生的写作风格还是颇为接近的，说得斯文一点，堪称“庶乎近焉”。

旭霞老师用在学生身上的时间太多太多，留给自己及家人的时间太少太少。我有理由相信，《和学生一起的日子》只是旭霞老师写作的开始，假如她能给自己“多一点点时间”，一定会有更多、更好的作品问世。对此，我充满了期待。

是为序。

刘景忠

2019 年 2 月 16 日

自　序

当我写完这部书稿时，掩卷沉思，窗外美丽的夕阳映入眼帘，有多久没有欣赏天边的云霞了？有多久没有取乐于人间烟火了？有多久没有睡个好觉了？刹那间，我的眼里闪动着泪花，如果世界上还有一种感动的话，那就是自己感动了自己。

这是一部诞生于病房里，足月而又早产的书。

作为一个痴迷于教育的文学爱好者而言，写出我的教育、我的故事一直是我的梦想，这个梦想沉睡已久，却又来得这样猝不及防。在此，我要感谢一直以来关心和支持我的前辈和老师们，正是你们的关心和支持，让我下定决心整理出这本书来。

任何一个生命的诞生都是艰辛的，写书犹如此。正当我雄心勃勃地准备在暑假里整理出这本书时，暑假第二天，我的父亲住院了。

“天将降大任于斯人也，必先苦其心志”大约就是如此吧。在父亲的病床边，在病房的地板上、走廊里，在来回的高铁上，在无眠的深夜里，我用手机敲下了一个个文字……

一个月后父亲手术成功，出院回家休养，我以为我可以全力以赴地写我的书了，不料，第二天从学校放假回来的孩子又直接住进了医院里。

消毒水的味道，洁白的病房仿佛成了灵感的催化剂，一边照看孩子，一边写文章。对于孩子，我是愧疚的，这么多年来，我在外地工作，疏于对她的照顾，就连去大学报到，也是她一个人拉着行李箱走的。我也要感谢我的爱人，这位大才子担负起了照顾家庭的责任。

我把我的时间和爱留在了学校里，这种痴迷让人不可理解，有时候我也不能理解自己，可我身不由己。每每周末结束回到学校，我常常是去我任教的班里看看我的学生们，和学生们在一起的快乐仿佛成了我生活的全部寄托，而课堂的幸福和快乐更是给予了我莫大的职业幸福感和教学生活的满足感。这种幸福和满足促使我无法停下脚步，事实上我也不愿停下脚步。

我沉浸在这种教育教学生活中，走在校园里，每个学生都仿佛是我的学生，总是忍不住去关心、关爱他们。这种关心、关爱不是轰轰烈烈的壮举，而是一种润物无声的滋润。我看到迎面走来的学生，尤其那些不是我所带班级的学生，我会主动微笑着向他们问好，这些学生往往会莫名惊诧后礼貌地向我问好；我也会向迎面走来的陌生女学生俏皮地抛个媚眼，惹得她们哈哈大笑，这种发自内心的笑何尝不是学校生活中的温情？我也会不经意间在操场上散步，无意间充当校园警察的角色，用春风化雨般的温柔引导那些迷路的孩子们。

因为喜欢且享受师生之间的这种快乐，我常和同事调侃自己是个做事带样子①的老师。比如去上课，往往上一节课还没下课，我已经走到教学楼前准备上课了，这课间十分钟也是我不愿放弃的与学生一起相处的时间，看看学生打球，和学生聊聊天，甚至和学生一起唱唱班歌。爱出者爱返，当一个老师爱他的学生时，学生也会更爱他。孩子们对我的感情和信任是我前进的动力，我不敢辜负也不能辜负学生对我的爱。

唯有努力做个好老师才能回报学生们的爱。好老师的标准，我想离不开学识、人格魅力、专业素养、课堂吸引等几个要素。因此，学习是我生活的主旋律，办公室是我最钟情的地方。看到河南新乡魏巍老师在自己的文章中写到自己是办公楼上最后熄灭的那盏灯时，我的眼睛湿润了，这些年来，我何尝不是学校办公楼上那最后一盏灯？

这一幕幕往事涌上我的心头，化作笔下的温柔与感动。我沉浸在我的文字里，这文字里有我的学生，我的教育，我的生活。在这些文字里，仿佛我一刻都不曾和我的学生分离，即便是假期里，也常是在梦中和学生一起，或玩耍，或上课……

有人说我痴了，姑且称之为教痴吧，我愿把这种痴化作满腔的爱，给教育增添一抹绿色。

本书经过半年的整理，我把自己真实的教育经历呈现给读者，以表达我无以复加地对教育、对学生的深情。

王旭霞

2019 年 2 月 19 日

---

① 带样子：河南方言。指做事出格、显摆。

目　录

学生篇

课堂篇

学生篇

我始终相信，师生之间的相遇是一种缘分，我珍惜这种缘分。

因为珍惜，所以爱；因为爱，所以珍惜。

每一个出现在生命中的学生都是上天的馈赠，无论他是成绩优异的，还是学习困难的；无论他是行为端正的，还是举止顽皮的；无论他是形象完美的，还是身存缺陷的……把他们当作自己的孩子，让教育涂上爱的色彩，这色彩也许是绚丽的，也许是暗淡的，无论何种色彩，为师者都须细心描绘。

每一个学生都是一幅画卷。

这画卷里演绎着我和学生之间的幸福和快乐，在这幅画卷里我用自己微薄的力量努力去影响和引导学生的生命成长。

1. 有故事的小飞

从我着手准备这本书的时候我就在想，我要把我的学生小飞的故事放在这本书的首篇，这个孩子的成长和进步甚至说整个人的改变恰恰是学校德育结下的甜美果实。这种甜蜜也时常激励着我在教育教学中要耐心、坚持、等待。

——题记

周五，学生过双休，同学们兴高采烈地走出校门，在人群中，我看到了我的学生小飞。他穿着红色的上衣，背着双肩包，白净的小脸上带着灿烂的笑容。望着他的背影，我不禁心生感慨：这孩子长高了，也长大了，在这一年的学校生活中，这孩子脱胎换骨般的蜕变让我倍感欣慰！

时间常让我走进回忆里，我永远忘不了第一次见到小飞的情景。

去年暑假后开学，我接了一年级新生小飞所在班级的政治课。开学第一课，我走进教室，和学生们第一次见面，上课、起立、师生问好。我环视教室一周，发现教室门口并排的两张课桌只坐了一个学生，另一张桌子上放着一件夹克衫，我走过去问这个孩子："你的同桌呢？"他看着夹克衫向我使了个眼色。我轻轻地掀起夹克衫，一双迷茫而惊恐的小眼睛顿时看着我！一张脏兮兮的小脸上挂着伤痕，鼻孔处鼻涕和暗红色的血痂格外醒目……我的心忽然一阵悸动，我轻声细语地问："孩子，你叫什么名字？"然而，无论我怎么询问，他就是不和我说话，继续用夹克衫盖住头。

那一节课，我的心情格外沉重，我知道，这又是一个有故事的孩子。

此后一段时间，无论我在课堂上如何关照他，这个叫小飞的孩子就是不与我交流。他的心门不知被一把怎样的锁给锁住了！

我是一名政治老师，我更愿意把自己定位成德育教师，作为德育教师，打开他的心锁是我的责任，我得寻找契机。

在讲授《如何塑造自己的良好形象》一课时，我有意无意地夸赞小飞同学，夸他是个眉清目秀的可爱男孩，如果把脸洗干净就更帅气了！小飞抬头看了我一眼，这一眼使我的内心掠过一丝惊喜，然而，紧接着发生的事情却让我惊呆了：只见小飞把凳子放倒，坐在凳子腿上，开始往地上吐痰！我立刻制止，但他根本不理会我，并且加速往地上吐！不一会儿就吐了一摊，然后用手指蘸着痰在地上画圈儿……那一刻，我感觉到自己的五脏六腑都在翻腾！但我知道，我是他的老师，我必须包容和教育他，包容是必须的，教育却不是立竿见影！

教育，是一个慢工程，不能放弃。

一天晚上上晚自习，本来也没有我的自习，因为喜欢和学生在一起，我时常晚自习时去我任教的几个班里转转。那天晚上，当我从三楼下来走到二楼楼梯口时，突然听到小飞所在班里传出来一声巨响！在这安静的自习楼上，这声音响得有些突兀可怕！我赶紧快步冲到小飞所在的班里。班里一片死寂，同学们仿佛都吓傻了一般！只见小飞的课桌倒在地上，刚才那声巨响大概就是课桌突然倒地的声音。班长王梦梦同学愤怒地看着小飞，可小飞依然面无表情地坐着……

我把王梦梦叫出来讯问原因，梦梦同学气极了："老师，小飞上课总睡觉，学生会检查时总被扣分。刚才学生会又来检查，我让他装装样子看看书他都不干！所以，我一气之下就把他的桌子掀翻了！老师，他太气人了！他有病！"我语重心长地对梦梦说："小飞同学之所以这样，肯定是有原因的，在他的成长过程中一定遭受过打击或者不恰当的教育，我们应该帮助他，而不是打击他、吓唬他！"

当我和梦梦聊完走进教室时，小飞却不见了，我的心立刻紧张了起来！有同学说："老师，你别怕，他估计上厕所了，不会有事的。"我怎能不怕？我在楼上找了一圈都没找到小飞，当我再次返回教室时，小飞正喜笑颜开地看几个同学做游戏，好像刚才发生的事根本与他无关！我站在他身边，轻轻拍拍他的后背，柔声地说："小飞，你吓着王老师了，在王老师心里，你也是我的孩子。"小飞羞涩地笑了，笑得特别好看。

一场暴风雨过去了，教育不是刮骨疗毒的救治，是春风化雨般的滋润。

从小飞终于露出的笑容中，我捕捉到了希望，而这个孩子也给了我希望，他破天荒地交作业了！而且字还写得非常漂亮，我在班里毫不吝啬地大肆表扬小飞写的字，这孩子又露出了羞涩的笑容。

转眼到了期终考试，我作为他们班的监考老师，强调了诚信考试的重要性。小飞坐第一排，只在自己的卷子上写下了班级和姓名。我知道他不会做题，但却遵守考试纪律，我当场表扬了小飞同学不作弊的诚信品质。

小飞的成绩一塌糊涂，但在发奖状时，我也给这个孩子发了一张奖状，题词是：最佳进步奖！这种进步不是指他的成绩，而是指他的成长。

第二学期开学，小飞的妈妈来学校了。班主任李老师说小飞的妈妈激动得语无伦次，没想到这孩子在学校一学期变化这么大！原本他们已经绝望了，放弃了这个孩子！因为执拗，因为不开窍，小飞没少挨打，家长甚至恨不得打死他！用他母亲的话说，是她恨铁不成钢，亲手把孩子打傻了。李老师也警告过他的母亲，以后不许再打孩子！再打孩子，学校也教育不了了。

听了李老师的话，我欣慰的同时也很难过。我知道这个孩子之所以会成为这样，肯定是因为错误的家庭教育，而我们老师的责任就是修补他破碎的心灵。

小飞变得活泼开朗起来，和同学们打成一片，和刚来时那个如同惊弓之鸟一样的小木头人判若两人。

教育的脚步不能停止，我让小飞朗诵课文，课堂互动时尽量让他参与。

我让他当老师站在讲台上讲课，虽然他讲得不是太好，但勇气可嘉！那些平时活泼捣蛋的孩子都没有这个登台的勇气。

这孩子最让我感动和感慨的是：他上课不再睡觉了，总是笑眯眯地认真听我讲课。

想起这一幕幕往事，我的心里如同一位母亲一样甜蜜。我忍不住快走两步，走到他跟前："小飞，回家路上注意安全哦！"小飞还是那经典的羞涩一笑："谢谢老师！"看着他远去的背影，我感到无比欣慰和幸福，这是作为一名老师的幸福。

2. 一鸣：请快乐

一鸣是我的学生。

第一次在一鸣所在的班级上课，一眼就看出了这个孩子的与众不同。作为高一的学生，孩子们脸上还带着些许稚嫩，在这些稚嫩的面孔中，有一张阳光而成熟的面孔散发着不一样的气息。果然，我一开口讲课，问题刚抛到空中，这孩子就顺手接住了，他的思维之敏捷，思想之成熟，令我惊讶。我忍不住走到他面前，用英语问他："What's your name?"这个孩子站了起来，他高高的个子，我得抬头仰视他。"老师，我叫一鸣。"我又问他的年龄，果然不出我所料，他比班里的孩子大 2 岁。一鸣说："老师，我的经历可曲折了，我曾被无数所学校开除，学校教育把我的心灵摧残得千疮百孔，说多了都是泪啊！"一鸣一本正经的哀伤和调侃惹得全班学生哄堂大笑。我也忍不住笑了："孩子，来咱们学校就对了，就让咱们学校的老师来修补你千疮百孔的心！"

下课了，一鸣拦住我问："老师，我能问您个问题吗？"我说当然可以。

一鸣说："老师，您怎么看待学生文身？"我平静、温和地看着他说："每个年龄段的人都会有每个年龄段的行为和做法，老师对于学生文身首先是不主张，再者是尊重。但青少年文身等到了成年以后会后悔的，清除文身也是很痛的。老师认识一个朋友，年轻时在身上文了一个女孩的名字，后来娶了另外一个女孩为妻，他感觉对不起自己的妻子，非常后悔！""老师，我懂了！"

师生之间的信任就是在悄无声息的春风化雨中建立起来的。通过和这个班学生的相处，我和他们建立起和谐、亲近的师生关系，其中，一鸣的表现是最令我欣慰和感动的。

一天傍晚，我回学校上晚自习，我走路通常是不看人的，往往一边走一边思考问题。正走着，感觉一个身影和我擦肩而过，我也没在意。那身影走出几米开外，突然跑到我身边亲切地叫了声："老师好！"我抬头一看，是一鸣，简单问候几句，我继续赶路。一鸣却又跑过来："老师，我送给您一个口香糖吧？"我接过口香糖放到嘴里，口香糖可能放得时间长了，有些发硬，但我心里是甜蜜的。"老师，我能和您聊一会儿吗？""好啊，老师也想听听你的故事呢。"

"老师，您知道吗？我来咱们学校之前，在省城一所学校上学，因为上课总睡觉被开除了，先前我在咱们市里一所高中上学被开除了 4 次！""4 次！"我惊讶地问："怎么会有那么多次？是什么原因？"一鸣慢慢地说："因为我上课总爱睡觉。第一次因为睡觉被劝退，我爸去找校长，校长让我写下保证书复课了，可我管不住自己还是睡觉，又被劝退了，然后我爸又去找校长写保证书……直到第四次我彻底被开除了！""都是因为上课睡觉？"我疑惑地问。"是的，老师！""那我从来没见你上我的课睡觉，还活跃得很。"我的话音刚落，一鸣就兴奋起来："老师，我上您的课睡不着啊，我们都盼着上您的课啊。您都不知道，为了精神饱满地上您的课，我晚上都不敢熬夜。"

听了一鸣这番话，我笑了，笑过之后我却陷入了沉思。通过这一段时间和一鸣的接触，他的聪明、乐观、幽默、阳光，甚至他那青春无邪的性格都让我惊异且欢喜，但他这所有的优秀品质却被以往的教育遗忘了，甚至抛弃了。

我认为我捡到了一块宝石，我的责任就是小心地打磨并珍藏他！

一鸣的语言和思维能力很强，对于一些问题的理解让我这个老师都惊讶。我常常觉得他甚至可以替我上课，事实上我们已经无形中形成了一种课堂师生关系，每次我讲课过程中，一鸣同学精彩的穿插已成为课堂的精彩点缀。我想，我应该给他更大的发挥空间：带着一鸣去上课。

那节课讲《如何培养兴趣》，我让一鸣和靖坤同学在4个班上了4节课。一鸣从自身出发，用幽默的语言、生动的事例、夸张的动作圈粉无数。通过这次上课，我告诉我的所有学生：我们每个人都要有登台的勇气，每个学生都可以做老师。而一鸣的感受却出乎我的意料："老师，通过今天这4节课，我感觉当老师真辛苦！我以后一定要好好学习，再也不在课堂上睡觉了！"

这真是一个意外的收获，我也被感动了，我对这个孩子更多了一分关注。

每次上课前，看到他阳光快乐的模样，我的心就是踏实的。每次，我去教学楼其他班上课都要经过一鸣所在的班级，总能遇到一鸣。他每每看到我，都高兴地迎过来，和我一起走到上课的教室门口；下课后，他常常也会高兴地迎过来，和另外两个同学一起"护送"我一段距离……

作为一个老师，最大的快乐就是看着自己的学生快乐，最大的幸福就是和学生在一起的幸福。

我希望我的学生—— 一鸣一生快乐，一生幸福。

3. 做自己的主人

每个学生都是独一无二的，每个生命都是独特的。

——题记

第一次见彩丽，她的模样就刻在了我的脑海里。

彩丽在这个美女如云的幼教班里是独特的，她皮肤黝黑，眼睛细长，有着宽宽的下颌和厚厚的嘴唇。彩丽的神情缺少青春少女的灵动。作为一名老师，作为一个文学爱好者，我的观察是敏锐的，我的感知也是细腻的，这个孩子给我的感觉不一般。

在一次课堂上，我的感觉得到了证实。

那节课，我这个“不着调”的政治老师给这个班加了一节诗词鉴赏课，学习鉴赏张若虚的《春江花月夜》。提前几天我就要求学生最好能将这首千古名篇背诵下来，优秀者奖励我亲笔签名的笔记本。我准备了 3 个笔记本，准备发给前 3 名。

上课伊始，我笑着问：“同学们，《春江花月夜》背下来了吗？”学生们异口同声地回答：“背下来了！”“那谁第一个背诵呢？”我的话音刚落，彩丽同学第一个举起了手。

彩丽站了起来，我给予她肯定和表扬。可彩丽站起来之后，自己就愣住了，她一句也背不出来。我看到了同学们鄙夷的眼神，我温和地示意彩丽先坐下，然后另一个女生站起来背诵。

不一会儿，彩丽又举起手，我想她刚才应该是太紧张，此刻应该缓解了。彩丽站起来了，她用浓重的口音磕磕绊绊地背了几句。有同学说：“别背了！”为了缓解紧张的气氛，我告诉彩丽下了课再好好背。

无疑，这个孩子鼓足了勇气想展示自己，但缺乏能力，我想我应该给予她鼓励。我到学校小卖部又买了一个笔记本，课间的时候给彩丽送去。走到楼梯口，恰巧碰到下楼去上课的彩丽，当我把笔记本递给她的时候，她一句话也不说，扭头就往回走，连句谢谢都没有，仿佛我俩是接头的特工一样。

一天上课前，我在教室外的走廊站着，彩丽主动过来和我说话，她拘谨的神情让我也不甚舒服，但我依然温柔地和她交谈。彩丽悄悄地递给我一个作文本，让我给她修改作文，看看能不能发表。我曾对学生说过，如果谁的作文写得好可以拿给我看，我就可以择优推荐发表。

彩丽的勇气是值得表扬的。我翻开她的作文，文笔有待提高，但从文中我知道了她是一个苦命的孩子。彩丽上面有个姐姐，农村人的观念中没有儿子是让人看不起的，所以彩丽的父母希望彩丽是个男孩。无疑，彩丽的出生是令父母失望的，父母不待见她，尤其是彩丽又有了弟弟之后。

我能想象和理解这个孩子在家庭中所受的委屈，但我不能理解的是她的父母不想让她上学。

彩丽为了能上学，学习一直很用功。

后来我不再代彩丽这个班的课，但我依然在关注着这个孩子，我主动加了她的微信。彩丽开始和我聊天时，甚至不知道称呼我一声老师，总是直接说话。比如她发信息时直接来一句：“你睡了吗？”我告诉她要这样说：“老师，你睡了吗？或者用‘您’，对师长要尊敬。”

去年暑假，我听说彩丽出去打工了，我担心这孩子能否适应打工生活。开学后，我特地到她们班看了看，学生们看见我激动万分，我也看到同样激动的彩丽。看见彩丽，我简直不敢相信自己的眼睛，一个假期的时间，彩丽不但人变漂亮了，性格也开朗了。她俯在我耳边悄悄地说：“老师，我这一个假期挣了1万块！”我故作惊讶地向她表示祝贺，没想到彩丽随后黯然地说她的父母看到她挣那么多钱，再次阻止她上学，想让她挣钱贴补家用。彩丽说打工是辛苦的，她不想一辈子过那样的生活。

彩丽想改变自己的命运，问我该怎么办？我告诉她只有读书考大学，通过学习改变自己的人生。

彩丽开始疯狂地学习，课间也不休息，午间也不午休，甚至熄灯后还用手电筒照着学习。她在职业学校的学生眼中，简直是一朵奇葩。

功夫不负有心人，期中考试，彩丽的成绩在班里名列前茅，数学竟然考了满分！数学是职业学校学生的短板，彩丽的智力也不比一般学生强，但这是彩丽用辛苦的汗水换来的。

这个孩子让我既感动又心疼，她用自己的行动践行着自己的诺言，但梦想的路不是一帆风顺的。

临近期末的时候，彩丽参加了学校的英语朗诵比赛，因为各种原因，没能进入决赛，她非常伤心！彩丽给我发信息表达她的难过心情。晚上，我抽出晚自习时间在校园里和彩丽聊了1个小时，我告诉彩丽，人生的路不会是平坦的，青春的路也不会是平坦的，这是生活的考验，这是青春的考验！你要经得起考验，做自己的主人！

彩丽的脸上又恢复了笑容，细长的眼睛笑成了一条缝：“老师，我懂了，我要做我青春的主人!”

彩丽依依不舍地一步一回头，看着这个孩子的背影，我对她充满了希望。

4. 无处安放的青春

教育不是万能的，面对不同的学生个案，有时候我也是无能为力的，但我始终不曾放弃对学生的教育和帮助，这是一个教师的责任和使命。

——题记

这天天气阴沉，我站在办公楼窗前，看着小陆拉着行李箱黯然地向校门外走去，我的心情是难过而复杂的。

小陆走出了校门，却停了下来，回头望着校园。这时，我的手机响了："老师，求求您，您再跟班主任和校长说说，我又不想走了！我想上学！我错了，原谅我吧！"小陆的信息铺天盖地地发过来，我给他回了一句话："先冷静冷静吧！"

小陆是我某个任教班的学生，是半路专业调整时从另外一个班转来的，和他一起转来的还有一个漂亮的女生。

问题就出在这里，学校不让学生谈恋爱，他和那个女生的事情不知怎么被女生家长知道了，女生家长找到了学校。女孩子很乖巧，开始有意疏远小陆，小陆的青春不安了。

青春期的孩子遇到这些烦恼很正常，这是成长的烦恼。孩子们一旦遇到烦恼需要一个倾诉的对象，小陆信任我，把他的苦恼告诉了我。在与小陆的交流过程中，我是本着尊重和理解的态度开导他，我们的交流是愉快而有效的，小陆说他以后把精力多用在学习上。

我以为我在小陆的这件事情上可以安心了，但我忽略了青春期孩子的多变性。

那是周六的晚上，我去小陆的班里试课件，周一，我要去外地讲课。小陆趴在讲桌上看着我说："老师，我想和您去操场上说说话。"我看着小陆也没有什么异常，我上了一周课嗓子也不舒服，便告诉小陆等我周一回来和他聊。小陆说好的。一切如常。

周一下午我来到学校就听闻小陆出事了！他用同学的削笔刀划破了自己的手腕！

我十分自责，自己周六晚上没有抽出时间和这个孩子聊天。小陆把自己带着血印的手腕给我看，他竟然还安慰我："老师，我没事，一时激动就划破了，以前还偷偷划过几次呢。"小陆一副无所谓的样子，可学校怕了，能不怕吗？安全是悬在每个学校头上的一把利剑，来不得半点马虎！

小陆被停课了。

可是事情并未结束，回到家的小陆一心想来学校，因为学校牵动着他的心。这期间，小陆用尽了一切办法，一番折腾，他又坐到了教室里。

我告诉小陆，要为自己负责。

平静了一段时间，间或小陆也会在课间和我聊聊天。有一次他感冒了，托我给他买药，非要给我钱，被我拒绝了。我告诉他："在我心里，学生就是我的孩子。"

青春是一条暗流涌动的河，平静的河面常让我们产生一种错觉。

平静的日子没过几天，小陆说，他很痛苦！因为天天看见那个女生，自己都快崩溃了！小陆学会了吸烟、喝酒、逃课！这期间又被几次停课反思，而这一切，他已经不敢告诉我。他忍受不了这种痛苦的折磨，决心退学！

"老师，我走了！"当我收到小陆的信息时，一时竟没明白过来："去哪里？""老师，我决心退学了！我太痛苦了！"而后便是我看到小陆拉着行李箱走出校门的情景。

对于学生退学，我一向是持谨慎态度的，我不希望自己的任何一个学生退学。但对于小陆这次退学，我的情感是复杂的，对于他来说，离开这个学校也许是解脱。如果不离开，后果可能不堪设想。

正当我感到无奈之时，小陆的信息如文中开头所述，铺天盖地地发过来。

“小陆，换一所学校吧，换一个环境更好，不然你迟早会崩溃，这是老师不愿意看到的，首先你的生命安全是第一位的！”

“老师，我能换一所学校吗？”

“可以的！”

“老师，我想去当兵，行吗？”

“这样更好，到部队锻炼一下自己，但你的年龄和学历够吗？无论做什么，一定要善待自己！”

班主任老师问我，班级微信群里要不要留下小陆，我说一定要把他留下。气球吹得已经很大了，千万不能在上面用针扎，不然气球会爆炸的。

我的微信里也留着小陆，我一直关注着这个孩子的生活。

前几天，小陆给我发信息说他不够参军的资格，离开学校后去打工了，挣钱贴补家用。他还说，进入社会才知道自己在学校做的那些事好幼稚，以后再也不会做傻事了，并且说准备去学汽修，将来自己创业。我给他发了一个加油的表情图，小陆也给我发了一个加油的表情图，同时他又发了一个笑脸图！这是我认识这个孩子以来，他第一次露出笑脸！

看着这个无声的笑脸，我知道这个孩子赶走了心魔，他得救了！

教育有时候是一场无声的战斗，这场战斗关系到学生的生命和未来。教师作为指挥官，不但要有智慧，更要有爱！

后记：小陆在一家食品厂上班了，月薪也不少，能够自食其力了。

让每一个生命健康成长，这也许是教育的最大意义和价值。

5. 来自教室里的异味

著名职教德育专家余国良老师说："作为教师，不但要爱学生，还要有爱学生的智慧。"

——题记

今天是学生月考的日子，我早早地来到了自己监考的班级。

一进教室，一股浓重的异味扑鼻而来！仿佛是脚臭味，仿佛是体臭味，对于嗅觉特别灵敏的我来说这味道有些猛烈。这味道应该来自某个学生的身上，但我不能问，我强忍着呼吸发下卷子，把卷子发完之后，突然听到一个女生干呕的声音！我还看到一个女生把毛衣领子拽得高高地捂住鼻子；有学生把窗户都打开了，可还是消除不了异味。有的学生抗议："老师，这熏死人了，怎么考试啊？"我也觉得没法考试，因为我也呼吸困难，班主任李老师去办公室拿空气清新剂去了。

看着全班学生痛苦的表情，我忍不住发话了："孩子们，今天咱们教室的异味肯定是来自我们在座的同学身上，我不止一次告诉同学们一定要注意个人卫生，这不但是你个人的健康问题，也是大家的健康问题。"当我说话的时候，有学生把目光投向志伟（化名）同学身上，其实我也隐隐约约感觉到这味道就是志伟身上散发出来的。我一边说一边走到了志伟的身边，我看到这个孩子油腻腻的头发和迷茫而无助的眼神。我故作淡定地把他的卷子摆放整齐，柔声地告诉他要认真答卷，他也不回应我，只是低着头写卷子。

关于这个学生，这一段时间我俩的交集还不少。我任教的班级多，学生也多，无法关注到每个学生，但志伟这一段时间却引起了我的注意。

志伟是这一学期调专业转来的，开始我并没注意到他。前几日上早读，他玩手机被我发现，我没收了他的手机，条件是把某诗篇背下来就还他手机。可没想到他很快就背了下来，当时我对这个不修边幅的学生印象很深。又一次，我们进行复习，让学生有奖抢答，志伟抢答了好几次，我也给他发了几次奖品。从这两件事情上我开始关注他，同时也发现了他的问题：形象邋遢，性格孤僻。一个女同学曾告诉我，有一天早上5点多，她来教室拿跑操旗，竟发现志伟在黑漆漆的教室里偷偷玩手机，当时把她吓坏了！还有一个女同学告诉我说志伟不讲卫生，身上的味道能让人中毒。

此刻，我看着志伟低头做题的样子，看着全班学生痛苦的样子，我在想该怎么办？我知道，有时候教育需要不留痕迹的智慧啊！班主任李老师之所以拿空气清新剂也是在保护这个孩子的自尊啊。

我也受不了这种味道，站在教室门口。我看到隔壁班的十几名学生坐在教室外面的走廊里考试，我们这教室外面也有几张多余的桌凳摆在走廊里。

我走到志伟身边轻声说："志伟，你跟老师来外面一下。"志伟居然主动拿着卷子出来了。到了教室外面，我悄悄地对他说："孩子，教室里味道不好，老师怕影响你考试，咱俩在外面好吗?""老师，我懂！""谢谢你，宝贝！"我欣慰地说。

我看着志伟，俯身站在他身边叫着他的名字温和地说："志伟，你的头发该洗了，衣服也该换了。""老师，我只有这一身校服，没别的衣服了。"他的话让我心里一怔，只有一身衣服？离下周过双休还有一周呢，继续穿这身衣服？一个念头在我心中一闪，我便问了他的身高和体重。

我只有这第一场监考任务，10点钟监考完以后，直奔商场而去。到了商场，服务员问我孩子的腰围是多少？我说不知道，服务员揶揄我："你这妈妈当得真好，连孩子的腰围都不知道！"我根据志伟的身高、体重判断出了他大概的腰围，挑选了一身运动衣，裤子是松紧裤。

选好外衣，又给他挑选了两件内衣，包括袜子，然后又买了洗发水和香皂，一并打包回到了学校。

我把衣服等物品放到志伟身后的课桌上，然后告诉他：“志伟，老师给你买了一套衣服，你考完试先去吃饭，然后去学校澡堂洗澡，把干净衣服都换上，记住了吗？老师下午要来检查哦！”说完，我把包里仅剩的一点零钱给他，让他在洗澡卡上充钱。这一幕被另一个学生看到了，他感动地说：“老师，您怎么总那么好！”我笑着说：“谁让我是你们的老师呢。”

下午上班碰到班主任李老师，我告诉他让志伟回教室考试。

签到以后，我来到教室，假装看学生考试，我走到志伟身边，看到判若两人的志伟：清香蓬松的头发还没干透，白净的面容衬托在帅气的黑色卫衣下，这分明就是一个帅小伙！我不动声色地夸了一句：“真帅！”

我走出教室，和学生们道别，内心温暖而恬适。何为教育？我想，心里装着学生，眼中看到学生，用春风化雨般的温柔滋润学生的成长应该就是教育！

6. 教师吟·缝衣

慈师手中线，
学生身上衣。
深夜密密缝，
意恐寒气摧。

——题记

如何走进学生？如何和学生打成一片？如何让学生信任并亲近一个老师？

如何共享师生之间的幸福？我想不外乎一点：老师眼睛里要有学生。

亲其师，方能信其道，教育教学的前提莫不如此。对于学生来说，老师对其生活的关怀更为重要。所以，无论是教育还是教学，学生在我心里都是第一位的。

因为眼睛里始终装着学生，我总是观察着学生的一切。

下课了，身材高大的小凯同学走在我前面，我一眼就看到他的后裤兜烂了，那巴掌大的布片随着他的走动而晃动。我忍不住叫住小凯，告诉他后裤兜烂了，问他自己会缝吗？小凯笑着说："老师，没事的，烂就烂吧。"我告诉他，下了晚自习去寝室我给他缝一下。

下了晚自习，我抓紧时间来到了男生宿舍，我知道只有半个小时的时间就熄灯了。上到小凯寝室所在的楼层，没想到我另外几个班的学生也在这个楼层。学生们看见我兴奋不已，有人从寝室跑出来惊讶地说："老师，您怎么来了?"还有个学生一激动，穿着大裤头跑了出来。我赶紧捂着眼睛说："回寝室去!"学生都笑了。

来到小凯的寝室，大家都在忙着洗漱，我让小凯把裤子换下，抓紧时间给他缝了一下。

我坐在一个学生的床上缝裤子，大家围在我身边看着，我感觉到有学生在给我拍照："老师，太感动了，我要把照片发到朋友圈，告诉我的同学这是我们王老师在给我们缝衣服!"

我笑着抬头看了一眼拍照的学生，告诉孩子们，这是老师应该做的。我把裤子缝好，熟练地打结，递给小凯。正当我准备走时，看到站在我旁边的小张同学的棉袄腋窝下扯开了一道半尺长的口子，袖子都快掉下来了！我让小张同学把棉袄脱下来，这孩子不答应，在我的强烈要求下，他把棉袄脱了下来!

这一道长长的口子，烂在外面，为了美观，我需要费些功夫从里面缝起来。我一针一线认真地缝着，这个年龄段的孩子正是爱美的时候，必须缝得漂亮。我一边缝一边心疼这孩子，衣服烂这么长的口子，天气又这么冷，肯定受冻啊！

在学校，有的时候老师需要担负起妈妈的角色。

我把缝好的棉袄披到小张身上，拍拍他的肩膀说："好了，安心去睡觉吧！"

"老师，您别走，我们寝室也有同学的衣服烂了。"

我又来到另一个寝室，一个叫不上名字的学生把衣服拿给我，恕我不知道这个学生的名字，学生太多，真记不住，但这不影响我对他们的关爱。

我刚给这个学生的衣服缝了几针，寝室的灯骤然熄灭了！已经到了熄灯的时间，而衣服还没缝好，这可怎么办？班长梁栋同学说："老师，您别慌，我有手电筒。"

梁栋拿着手电筒给我照着，我仔细地瞅着缝。而此时，又一个男生拿着一件衣服在等我，我问他衣服哪里破了，他说袖子上的那个标牌有些歪，不好看，想让我给他拆下来重新缝。我看了一眼，那个标牌也不算歪，不影响美观，我想他的要求更多的是一种请求关爱的需求吧。

我把标牌纠正好，和学生们开玩笑地说："孩子们，抓紧休息，老师要走了，不然寝室上了锁我就走不了了！"学生们又都笑了。

出了宿舍楼，夜已经深了，寒夜的冷风颇有些凉意，但我的心是温暖的。在这夜色中，我加快了回家的步伐，明天，我又可以看到我的学生了。

7. 漂亮的保洁员

由于对学生的痴迷、对教育的痴迷，我眼里、心里都是学生的事情，任何有关学生的问题，我都会不由自主地去关注、关心，有时也感觉自己管得太多、太宽，可我控制不住自己，仿佛学校里每一个学生都与我有关，在我心里他们都是我的学生。

一次与同事聊天，无意中得知高三某班的孩子们压力很大，状态不好，一种职业的责任感促使我要去这个班看看。

某天晚自习，我往该班所在的教学楼走去，习惯性地捡起地上的垃圾，拿着垃圾走到了教室门口，教室里一片喧哗声。一进教室，我看到全班都是女生，原来是个美女班。女生们看到我这个陌生人都好奇地安静了下来。她们看着我，我径直走到教室最后面的垃圾桶旁边，把垃圾扔进去，然后面向全班同学问好："孩子们，晚上好，我是咱们学校的保洁员王阿姨！"学生们有些吃惊："哇！咱们学校居然有这么漂亮的保洁员！"我调皮地说："孩子们，咱们学校的保洁员尚且如此漂亮，你们作为青春年华的女学生是不是应该更漂亮！"孩子们异口同声地回答："是！""那么，怎么做一个漂亮的女生呢？漂亮的女生不但要外表美，更要有内在的美！内在的美来自'腹有诗书气自华'的端庄，这就要求我们首先要安安静静地读书、学习，大家能不能做到呢？""能！""好！保洁员王阿姨相信你们，孩子们加油！"

当我往教室外面走时，学生们报以热烈的掌声。

在教育教学中，教师与学生之间也会产生教育压力和疲劳，犹如审美疲劳一样，师生关系久了，有些教育会失去效果，换个方式，会有不一样的教育效果。我就客串一回医生吧，但对于学生的教育，犹如感冒吃药，吃一次是不会有好的效果的，我想我还要来这个班看看，想办法缓解一下学生们的压力。

一天上课前，我的一个学生突然蹦到我面前说："老师，请吃糖，万圣节快乐！"万圣节？我脑海里一闪，一下就想到了高三美女班。

我下午上完第三节课，顾不上吃饭，跑到超市买了一大袋子糖果，晚自习时间悄悄地来到了高三美女班。

当我走到教室门口时，大家都在安静地学习，这和我第一次来时的纪律是不一样的。我面带微笑地走上讲台，学生们瞬间兴奋起来，看到孩子们高兴的笑脸，我也难掩心中的喜悦：“孩子们，还记得我是谁吗？”“漂亮的保洁员！”学生的声音震耳欲聋。“对，我就是那个保洁员王阿姨，孩子们，还记得我们上一次见面的约定吗？”“记得！安静地读书、学习，我们现在做到了！”“好！那今天阿姨就来给大家发奖品！”当我把五颜六色的糖果从包里拿出来时，几十个女孩子一起惊呼。我给每个学生发了一把糖果，孩子们一个个笑脸如花，一声声撒娇般的“谢谢老师”，让我感觉比吃了糖果还甜。

糖果发完，我给孩子们讲了讲高考的重要性和上大学的意义以及眼前要做的事情，最后我和孩子们调侃：“如果考不上大学，就和我一起来咱们学校当保洁员。”学生们开怀大笑。

在学生如雷般的掌声中离开，我竟然有种不舍的感觉，回头深情地看了她们一眼。

我的心里有了牵挂。

高考一天天临近，总想再去看看孩子们，又怕打扰她们学习。直到有一天，我碰到一个学生，她说：“阿姨，我们都想您了，您来我们班看看吧！”

学生们看到我，立刻沸腾了起来。

“孩子们，今天我来有三件事：一来是我想你们了。”“阿姨，我们也想您！”

“二来，我向大家道歉，我不是咱们学校的保洁员，我是咱们学校的老师。”“老师，我们早都知道了，哪里会有这么漂亮的保洁员！”

“三来，我再给大家鼓鼓气，愿你们每个人都能考上心仪的大学，王老师祝福你们！”

走出教室，我的眼睛里闪动着泪花，我知道我和这个班孩子们的缘分到此就要结束了，不管她们能否记得我这个保洁员，作为一名教师，能为学生做事，这就是我的幸福！

8. 有一种爱叫撒娇

老师和学生之间会形成各种各样的师生关系：有严肃的，有活泼的，有冷漠的，有亲密的……而我和学生之间的关系则一向都是甜蜜的。

送给梦凡的唇膏

一天上课，讲到生动处，学生们开怀大笑，但我发现梦凡同学笑得很痛苦。走近她身边才发现梦凡同学的嘴唇干裂得都要出血了，瞬间，我的心一紧：好心疼这孩子！

下班后，我赶紧到超市里买了两支唇膏，一支准备送给梦凡，一支留给自己用。下午最后一节小自习，我走进教室，悄悄把唇膏塞到梦凡手里，不料这一幕还是被旁边的晓华同学看见了。只见晓华噘着红润的小嘴，半嗔半娇地说："老师偏心！我从现在开始不喝水了，也不吃饭了，好让自己的嘴唇干裂！"同学们哈哈大笑，我笑着说："晓华，你真调皮！"我边说边悄悄地把留给自己的那支唇膏塞到她手里，晓华立即笑眯眯地说："谢谢老师！"

丹丹生气了

作为一名老师，我对学生的爱是发自内心的，这种爱常让我不由自主地走进学生的生活中去。

下午放学后的晚饭时间，我又照例在校园里溜达，和这个学生说说话，和那个学生打打趣。当我走到某班时，小康同学正趴在桌子上发呆。我问他吃饭了没？他说没吃。我二话没说拉着小康就去食堂，当我和小康拿着鸡蛋饼往回走时，碰到了丹丹同学。丹丹看见我俩，把头一扭，冲着我俩"哼"了一声。我立刻笑了："走，丹丹，老师也领你吃饭去。""不去！"之后几天，丹丹见了我都是撒娇般“哼”我一声。这声“哼”对我来说也是无限爱意的表达。过了几天，机会来了，我也回她一声“哼”。那天丹丹突然问我：“老师，您有针线没？我要缝东西。”我也学她的样子，把头一扭：“哼，没有！”

那天事情特别多，也没时间给丹丹送针线，我就给她的班主任老师打电话，让丹丹来办公室找我。

丹丹高高兴兴地来到办公室，我把针线递给她，她也不“哼”我了！

师生关系中没有小事，眼里有学生，学生的事都是大事。

亚尼的快乐

学生往往是非常敏感的，他们可以从老师的言谈举止以及课堂教学中感受到老师是否可以亲近，是否可以信赖，甚至是否值得他们喜欢。

亚尼大概从我这里捕捉到了这个老师可以亲近的信息。一天下课后，她告诉我她叫亚尼，并且撒娇地说：“老师，您一定要记住我的名字哦！”我说：“好的，宝贝，我今天晚上就是不睡觉也要把你的名字背下来，亚尼、亚尼、亚尼……”亚尼开心地笑了。

可是没多久，因为学校工作安排，亚尼所在的班我不能再代课了。一天，我在校园里偶遇亚尼，亚尼飞奔过来抱住我说：“老师，我们好想您！您为什么不教我们了！”那一刻，我的眼睛湿润了！

某天晚自习去教室的路上，我正经过两个教学楼之间一个黑洞洞的小胡同，突然一声尖叫：“站住，打劫！”这突兀的声音把我吓了一跳，还没缓过神来，亚尼就跳出来，一把抱住我说：“老师，打劫！”我已经反应过来，笑着对亚尼说：“劫财还是劫色？”亚尼开怀大笑：“老师，我劫心！”她说完突然情绪低落：“老师，为了见您，我在这个胡同守了好几个晚上了！”我把亚尼紧紧搂到怀里，告诉她想我了可以去办公室找我！

这学期期末，学校举行国学经典诵读比赛，比赛那天，我作为评委进入会场。入场时，我从会场侧门进去，没想到亚尼所在的班就在侧门位置坐着，眼尖的亚尼一眼就看到了我，惊叫一声！孩子们都看到了我，顿时沸腾起来，我示意孩子们安静。亚尼则一脸兴奋地看着我，那惊喜而幸福的模样让我感动。我和这个班的孩子分别都一年多了，可孩子们对我的感情并没有因为时间的流逝而消失，而我对孩子们的感情也恰如他们对我的感情。

这个世界上没有无缘无故的爱，因为你爱学生，所以学生也爱你，这是师生共享的幸福，愿每一场相逢都是一段幸福的旅程！

9. 孩子，请原谅我叫不出你的名字

记得在某本书上看到过这样一句话：教师要在第一时间记住所有学生的名字。看到这句话时，我的心情是紧张的，面对成百上千的学生，我如何在第一时间记住所有学生的名字？所以，我对我的学生说：“孩子们，请你们原谅，我无法记住你们每一个人的名字，因为老师教的学生太多，这就犹如把成百上千张百元大钞放在我面前，让我记住每张钞票的编号一样！这是我无法做到的事情，但是，老师是爱你们的，爱你们每一个人，犹如爱每一张钞票一样。”学生开怀大笑。“当然，我会努力记住你们的名字。”

这种努力对我来说虽然不是徒劳的，但效果并不是特别突出。随着年龄的增长，记忆力的减退，我也愈发苦恼这种无法叫出学生名字的尴尬。

有的时候，一个人越是怕什么就越是会遇到什么。走在校园里，所到之处都是问好的学生，我也亲切地回应，时不时会有调皮的学生考验我：“老师，您认识我不？”我假装说：“当然认识了，你是我的学生嘛！”此刻，我最怕他们再继续问：“老师，我是哪个班的？我叫什么名字？”

一天中午，我走在校园里，对面走过来三个帅小伙，这三个孩子齐刷刷地站着向我鞠躬问好，我突然被他们的礼貌和热情感动了。其中一个学生说：

"老师，您知道我们是哪个班的吗?"瞬间我就石化了，孩子们看出了我的尴尬，他们笑着说："老师，我们是17班的!"这个17班是我半路接上的，大约教了他们一两个月的时间。我调皮地说："孩子们，在我心里你们都是我的孩子，不分哪个班。"三个可爱的孩子笑着走了。

下午下班，校门口又坐着三个帅哥，他们一起向我问好，我也温柔地回应。不料他们异口同声地说："老师，您知道我们是哪个班的吗?"我突然机智地判断出他们就是上午那三个孩子，所以我说："你们是17班的!"三个学生高兴地说："老师，我们就是上午那三个学生。"我如释重负，没有让孩子们再次失望。

我也曾试图记住学生的名字，我把每个班学生的座次表拍下来，一个名字一个名字地记，甚至梦里还呼唤着学生的名字。可最后，那么多学生的名字在我脑子里乱成了一锅粥，张冠李戴的难堪更容易伤害学生，所以我放弃了这种无谓的努力。我喜欢称呼学生孩子啊，甚至宝贝啊，有时候也会有别称。比如那一对可爱的双胞胎兄弟，他俩长得实在太像了，我始终分不清楚谁是谁，后来我把12班的哥哥称呼为"开哥"，13班的弟弟称呼为"友弟"。晓楠同学立志考清华，我便叫她小清华，并时常激励着她。亚茹同学只和我有几面之缘，她曾向我倾诉学习、生活中的烦恼，我们彼此之间建立起了信任。很长时间我都不知道这孩子的名字，但这并没有影响我们之间的感情，她每次见到我总是飞奔过来抱着我说："老师，想您啊!"我也抱着她说："宝贝，老师也想你!"

老师对学生的称呼恰恰是一种师生关系的体现，有什么样的师生关系就会有什么样的称呼。我虽然不能叫出每个学生的名字，但我对这些孩子的爱是一视同仁的。我会称呼女生为宝贝，称呼男生为孩子，有时也称呼同学们、孩子们……称呼会随着不同的场合因人而异，这种变化始终以对学生的关爱为本。

在家庭生活中，家庭成员之间都会用爱称或者昵称，良好的师生关系之间也需要爱称或者昵称。当然，师生关系之间的昵称要爱而不滥，还要注意男老师和女老师的区别，不建议男老师对女学生使用过于亲昵的称呼，以避免不必要的误会。

称呼不只是称呼，称呼更是一种情感的表达。作为老师，记住学生的名字固然十分重要，倘若没有感情的因素在里面，那名字只是一个名字而已，所以，爱是称呼学生的前提。

因为有爱，学生们都能理解我记不住他们名字的苦衷，在此，我向我的学生致歉：孩子们，请原谅我不能叫出你们的名字，但爱在我心里，老师爱你们！

10. 收藏你们的梦想

没有梦想的人生是荒芜的人生，杂草丛生，安能收获？作为教师，应该在学生的心田里种下梦想的种子。

——题记

我深情地站在讲台上，看着讲台下齐刷刷的学生，他们也在深情地看着我。上课的铃声已响过，震耳欲聋的学生问候声还在教室里回荡，看着学生们期待的眼神，我脸上露出甜蜜的微笑。虽然我与他们才有短短两周的相处，也就是几节课的时间，但我们之间已经建立了亲密的师生关系。

“同学们，还记得上一节课老师布置的作业吗？这一节课，我们要谈谈自己的梦想，以演讲的方式进行，奖品上有老师的签名哦，谁先上来演讲呢？”一凡同学突然站起来：“老师，我先说！”

当一凡同学跨上讲台时，同学们的掌声响起来。此刻，一凡像一个气场强大的演说家："梦想是什么？梦想是我们每个人对美好生活的向往与憧憬，它是指引我们走向幸福生活的灯塔。在人生的不同阶段，人会有不同的梦想或者说理想，我现在的理想就是三年后考上一所好大学，将来实现我当美食家的梦想，去蒙古草原上放羊，卖羊肉串……"台下的同学们"哄"地笑了，我也笑了："一凡，我吃你的羊肉串打折吗？"他说："老师，我不但不要您的钱，我还要给您留 5 个电话号码，我怕您将来想吃我的羊肉串时找不到我！"刹那间，一股暖流涌上我的心头，我的眼睛湿润了。我把写有我签名的笔记本双手递给了一凡同学："老师将来会去吃你的羊肉串的！"

同学们，梦想无论大小，都是值得敬畏的，只要你过得好，于己有利，于社会有利，都是美好的梦想。

王仁杰同学举起了手，他一脸庄重地走到了讲台上："我的梦想是当农业科学家！像袁隆平爷爷一样的农业科学家！"我心中一喜，我知道这个孩子的心中有一颗梦想的种子。上节课，我以袁隆平爷爷为案例和孩子们分享了关于梦想的话题，对于这个喜爱农业生产的孩子来说应该是有了目标。王仁杰同学稚嫩而严肃地说："我先确立了个小目标，在国家级农作物嫁接比赛中拿一等奖！大目标是上本科、考博士，将来搞种植，研究农业新品种……"

我没想到我们中职学校的孩子还有这么远大的理想，原以为他们心中只有明星和游戏，是我上一节课关于"梦想"的话题启迪了他们？还是学生们心中本就埋藏着梦想，而我们却忽视了他们内心的成长？

陈建章是个特殊的学生，他是幼教专业唯一的男生。暑假招生报名时，他和他的父母在招生办公室里争执。我走过去仔细一听，这孩子执意要报幼教专业，他的父母无法理解一个男孩子为什么要学幼教专业。我和颜悦色地对他的父母讲，一定要尊重孩子的选择，只有他自己的选择他才能坚持走下去，男孩子学幼教也是了不得的！后来这个孩子如愿以偿，学了幼教。可没想到的是再后来我们成了师生，也许这也是师生之间的缘分。

陈建章站在我身边，因为紧张，还有些发抖。我轻轻地揽住他的肩头：

“建章同学，你是咱们学校幼教专业唯一的男子汉，勇敢些，别紧张，把你与众不同的梦想分享给大家。”

建章拘谨地说：“老师，我向您道歉！当初我报幼教专业并不是想当幼儿教师，我喜欢唱歌，我想当歌唱家！幼教专业可以好好学习音乐。”我故作惊讶地说：“你这是曲线救国啊！你为了梦想这么做就更了不起了！”

同学们响起热烈的掌声，大家高呼：“陈建章，来一首！陈建章，来一首！”

美妙的歌声在教室里响起，此时此刻我仿佛实现了自己的教育梦想，一种职业的自豪感油然而生。

我让每个学生都把自己的梦想写在一张纸上，标注上自己的姓名、班级和联系方式，我要收藏学生们的梦想，20 年后，我要见证他们的梦想。学生们都郑重地写下了自己的梦想，一凡同学真给我留下了5 个电话号码！

我轻轻地把他们的梦想铺展开来，一一看过，又轻轻地卷起来，把我任教的5 个班的学生们的梦想卷成了5 个纸卷，郑重地放在我的书柜里。这5 个纸卷里将会有各行各业的普通劳动者，也会有国家栋梁，他们是我们的希望，也是我们的未来。

11. 一个都不能少

我曾答应学生们期末要发奖状，发奖依据的是课堂表现和作业情况，每班得奖名额为五六人。当我宣布这个消息时，孩子们有的高兴，有的失落。尤其看到那些神情失落的学生，为师亦为母的我动了一丝恻隐之心。我的学生，职业学校的学生，他们是多么渴望被鼓励、被关爱！一刹那，我改变了决定，给每个学生发奖状！

当我做出这个决定的同时，我就在心里计算着我有多少学生。升学部5个班是我的原生班，也就是说，他们一来到学校我就代他们的课，属于我的“亲生孩子”；还有半路接上的电子部的3个班，是我“后养的娃”。奖状怎么发？要不要给这些“后养的娃”发？当我产生这个念头时，我立刻否定了自己！我告诉自己：所有的学生都是我的学生，必须一视同仁！无论学生有多少，任务多重，一个都不能少！我无法做到让每个学生都喜欢，但我努力做到喜欢每一个学生。

8个班的学生人数，粗略估算应该有四五百人。

1月20日，周六，我去给孩子们买奖状。

文具店老板是个60多岁的阿姨，我说我要买奖状，阿姨问我：“闺女，要多少张奖状?”

我答：“500张!”

阿姨惊讶地看着我：“为啥要这么多?”我说：“我学生多，每个孩子都发。”

阿姨突然激动地拉住我的手摇起来：“闺女，你真是个好老师！我给你开票报销。”我说：“发票可以开，但我不报销，我自费。”阿姨又拉住我的手摇起来!

回到家，我正襟危坐于书桌前，郑重地开启书写奖状的模式。爱人用不可思议的眼神看看我，又看看那一摞奖状，他用一种不可置信的语气说：“王老师，你这是要普度众生吗？你是不是疯了?”

当我写下一个又一个孩子的名字和评语，当我严肃地在落款处签上名字时，我的心里充满了一种职业的幸福感。

我龙飞凤舞地写啊、写啊……写了一个晚上才写了两个班！爱人看我写得辛苦，要帮我写，我没有答应，我要亲自为每个孩子写奖状。

我就这样坐在书桌前，整整写了两天两夜，当我把最后一张奖状写完的时候，忍不住发了一个朋友圈：我的娘啊，终于写完了！写了两天两夜，写坏了7支笔！实有452人，实写452人，一个都不能少！

周二，第一节课，我给12班的孩子们发奖状，就在我宣布人人有份的一刹那，孩子们欢呼起来了！有个学生说："老师，我都8年没得奖状了！上一次还是小学一年级时得过一张！"

第二节课，给幼教班发奖状。小珂同学当我的秘书，我每念一个学生的名字，她都搞怪地把奖状发下去，班里充满了欢声笑语。

第三节课，13班，漂亮的马晓晴同学紧紧地抱着我说："老师，我好爱您！"

第四节课、第五节课、第六节课……

第七节课，当我拿着奖状去11班时，迎面走过来两个我不认识的女生，她俩看着我手中的奖状羡慕地说："老师，我们也好想得奖状！"然后失落地走了。大约走了十几米，我叫住那两个孩子："宝贝，过来！想得奖状吗？""想！""那么答应老师一个条件：这几天好好复习，争取期末考出好成绩，能不能做到？""能！！！""好，晚上6：50来三楼办公室找我。"

两个孩子高兴得欢呼雀跃！

晚上6：50，这两个女孩儿如约而至。

看着她俩小心翼翼地像藏宝贝一样把奖状揣到怀里，我会心地笑了。

最后一个班，16班，当初我接这个班时，全班70多个男生乱成了一锅粥！当时我站在凳子上发表了一番演说，（后文中有描述）后来，这个班的上课纪律最好，令我十分感动！当我一个名字一个名字念下去，奖状一张一张发下去时，一个学生又发言了："老师，这是我今生得的第一张奖状！"闻言，我的心里一阵酸楚！老师就想温暖你们那颗曾经备受冷落的心。

所有的奖状悉数发下去了，在校园里碰到班主任宋老师，宋老师高兴地说："王老师，好多家长给我发信息和视频，说孩子在学校表现好得了奖状，全家都很高兴！我还纳闷这奖状是怎么回事，后来学生告诉我是您发的，太感谢王老师了！"

无须说感谢，每一个学生都是我们的孩子，尤其我们职业学校的学生，需要更多的关爱与关注。在我的眼里，他们都是可爱的孩子！

12. 中秋节的秘密

中秋佳节，一轮明月悬挂在静谧的校园上空，教室的灯都亮了，望着那一扇扇明亮的窗户，我仿佛看到学生们那一个个可爱的身影闪现在我眼前。此刻，我的心情是美好的，我喜欢这种美好的感觉。

这种美好的感觉让我忘记了时间，抬手看表，已经8点多了，才想起自己还没吃晚饭。

起身欲回家，走到楼下，又不由自主地朝教学楼走去，放了三天假，我也想我的学生。

这学期，学校教室整合，我现在任教的学生和我曾经教过的学生都到了第三教学楼，从高一到高三年级，从一楼到五楼都是我的学生。每天上课看到他们的身影，我就很欣慰。

先到高一新生班里看了看，给孩子们送去了节日的祝福，由于这些学生和我还不十分熟悉，所以还有些矜持。但当我走到高二年级的时候，学生们看到我就兴奋起来："老师，中秋节快乐！我们要吃月饼！"我转身在黑板上画了一个月饼，写上"中秋快乐"，学生们开怀大笑。计算机班的秋晨看到我撒起娇来，噘起小嘴向我飞吻，我也同样回以飞吻。

接着我来到了种植班，我和这个班学生的感情深厚。这个班的班风、学风总是让我感动，班主任常老师的带班艺术令人佩服。进了教室，常老师笑眯眯地看着我，学生也用一种特别的眼神表达着我们师生之间特有的默契。

"孩子们，中秋快乐！"我的话音刚落，阿强同学就说："老师，您答应送我的月饼呢?”这个心思单纯的孩子的话瞬间让我尴尬了:“阿强，不是老师忘了给你拿月饼，是老师学生太多了。”阿强笑呵呵地说:“老师，我跟您开个玩笑!”

我也想给我的学生发月饼，甚至想和他们一起赏月共度中秋佳节，但我有几百名学生，怎么送呢?再者时间也来不及了。可我仿佛被一种力量牵引，顾不上吃饭，来到学校旁边的超市，我给常老师打电话确定了学生人数，挑选了一款红磨坊的月饼。我突然感觉提着五盒月饼回学校太张扬:让别的班学生看见了怎么办?我让服务员把包装盒全部去掉，把月饼装到两个黑色的塑料袋中。服务员很奇怪，别人送月饼看包装，而我却不要包装!我把情况告诉了服务员，服务员感动地说:“我上学时怎么没遇到您这么好的老师!”我调侃地说:“欢迎你现在来我校就读。”服务员大笑。

提着月饼，看看表，正好是第二节晚自习时间，校园里静悄悄的，可我还是很紧张，生怕被别的班学生看见。我感觉自己像一个潜入学校的特务一样，鬼鬼祟祟地走进教学楼。当我经过另一个班的时候，我沿着走廊边缘走，故意远离学生，这可不是我的一贯作风!还好，学生们在学习，没有发现我!

我从后门进了种植班教室，随后把门关上，班主任常老师开会去了，不在教室。学生们看见我都很惊讶，我示意孩子们安静。大家心领神会，都压低了声音。我走到讲台上:“孩子们，王老师此刻的心情是激动而紧张的，你们懂吧?”“老师，懂!”“那咱们今天吃月饼的事要保密啊!我爱咱们班的学生，我同样也爱别的班的学生，你们都是我的孩子，只是今天情况特殊，另外我也还阿强同学一个承诺。”阿强说:“老师，我太感动了!”

一人一个月饼，大家悄悄地吃起来，好像是偷吃东西的小孩子一样，那情景是温馨的，我拿出手机想拍下这一幕，我的白秘书（课代表）说:“老师，别拍照了，要保密!”我会心一笑，收起了手机。

第二天早上，我见到常老师，常老师笑着说学生的嘴真严，居然没有一个人告诉她吃月饼的事。我哈哈大笑:“这是我们之间的秘密!”

什么是幸福？这就是幸福，我和学生之间的幸福，我和常老师之间的幸福，这所有的幸福都是学校生活的幸福。

13. 老娘看了我的朋友圈

老娘看了我的朋友圈，后果很严重！

小妹给我打了个电话，只一句话：“大小姐，你抓紧回家吧，老娘生气了！”放下电话，我才突然想到自己已经一个星期没回家了，老娘又生气了。

我战战兢兢而又心急火燎地往家赶，一进门，果然老娘黑着脸等着我，气氛有些紧张。大哥说：“大小姐终于回来了，现在见你一面真难啊，是不是还需要预约？”我嘿嘿一笑，老娘却生气地说：“你跟我过来！”我跟着老娘到了卧室，老娘气呼呼地对我说：“我看了你的朋友圈，你现在越来越嚣张，有些过分了，你给你的学生买红磨坊的月饼，你老娘都没吃过这么好的月饼呢，你怎么不知道给你老娘送一个呢？再者你给一个班的学生买，你考虑过别的班学生的感受吗？你考虑过老娘的感受吗？”我突然觉得自己犯了一个不可饶恕的错误：“妈，我错了，我，我忘了您。”“可老娘还记得你，去客厅吃月饼吧，中秋的月饼还给你留着呢！”

我拿起月饼吃起来，月饼已经放了一个星期了，里面的五仁有些硬了。我大约是老了，牙齿有些力不从心了。我故作夸张地使劲咀嚼着，只是为了逗老娘开心一些。老娘看着我又开始说：“不是娘说你，自从看了你的朋友圈，我就非常生气，你说你现在多大的人了，还这么拼命！缺吃少穿了吗？日子不能过了吗？为了你所谓的事业爹娘不要，连命也不要了！”“妈，是教育事业！”我弱弱地反驳。老娘说：“你闭嘴，我今天就得教育教育你，年轻的时候你为了所谓的爱情，把你爹气得半死，如今人到中年了，又为了所谓的事业拼命，自己的身体还要吗？家人还要吗？你怎么就不能让爹娘省心？”“亲娘，我就是为了让您二老省心啊，如果我把这个顺序颠倒过来，年轻时拼搏事业，到现在人到中年了还嫁不出去，你和爹岂不是更糟心啊！”老娘扑哧笑了：“吃你的月饼吧！”

我一边吃月饼一边琢磨是谁教会了老娘看我的朋友圈，把我这不要命的生活状态暴露在老娘面前。记得当初我给老娘买这部智能手机时，我什么都教会她了，唯独没教她如何看朋友圈。

我给老娘买手机，也是因为忙于工作而忽略了老娘，把老娘惹怒了。一次上课时老娘给我打电话，我挂断了电话，而课后却忘了给老娘回电话，老娘便生气了。据小妹说老娘气得一天没吃饭。那次为了安抚老娘，我买了一部智能手机送给她。

记得那天回家，老娘不理我，我神秘兮兮地说：“妈，我给你买了个好玩的玩具，你看看。”老娘黑着脸坐到沙发上不予理会。我把崭新的手机拿出来，装上她的手机卡，教她如何使用，首先给她注册了一个微信号，告诉她以后不用吃饭时再逐一给我们兄妹四人打电话了，在群里发微信即可。因老娘最疼她那两个孙子（新新、豆豆），遂取微信名：新豆奶。老娘一看我给她起的这个微信名，顿时笑了，还居然笑得刹不住车了！

我把“新豆奶”拉到“王家大院”家人群里，瞬间炸锅！大嫂说：“一绝，谁起了这么有才的名字？”大哥说：“咱王家的大才女。”

老娘玩着微信，笑得眼泪乱飞，立刻在“王家大院”的群里发言：“中午炖排骨了啊！快来吃啊！”

老娘一下子被智能手机这东西迷得神魂颠倒，很快便学会了聊天！老娘又要关注我的公众号，我教了她几遍，记不住，我让她记到本子上：第一步，先点击订阅号；第二步，点击微信公众号头像。老娘在本子上写：按大妮儿的头（头像）……我笑得眼泪乱飞，只有老娘敢按我的头！

但我留了一手，没教老娘如何关注朋友圈。

自从老娘有了这部手机，她的注意力就从我身上转移了，我不必提心吊胆地想着抽时间回去看她，我可以安心地工作了。即使回去看她时，我也是向老娘吹嘘我的进步，老娘像所有望女成凤的母亲一样，眼睛里洋溢着幸福。

这岁月静好的日子持续到了前几日，中秋节时，小妹教会了老娘如何翻看朋友圈，而老娘的朋友圈里似乎只有我。老娘便把我这一时期的生活看了个遍，自然也看到了前几天我写的那篇《中秋节的秘密》，因此老娘生气了。老娘不但生月饼事件的气，尤其生气我糟蹋自己的身体，她原以为自己生了个天资聪颖而大器晚成的女儿，谁知竟是一个愚钝得不知人间烟火的傻大妮。

老娘勒令我悬崖勒马，不许这么干下去了，她不想我成龙成凤，她只想我好好地、健康地活着，陪着她到老。我作为一个母亲，也理解老娘的苦心，可我能停下脚步吗？

我想把老娘拉黑，不让她看我的朋友圈，但这样她会更生气，这该如何是好？愁死我了！

老娘还会从我的朋友圈看到这篇文章，不知道她老人家会不会又生气？

14. 操场上的秘密

中职学校的操场通常有两种情景：白天的风景和夜晚的秘密。今天我就说说这夜晚的秘密。

每天晚自习前，我喜欢在操场上散步。一天晚上，我如往常一样在操场一边走路一边观察操场上玩耍的学生。突然，我看到操场西南角的台子上坐着一个吸烟的学生，我本能地走过去，轻声对他说："孩子，把烟灭了吧？"这个学生很自然、很乖巧地把烟灭了。我没有问他是哪个班的，径直走了，就像什么也没发生。（不要问他是哪个班的，因为你问了他也不会告诉你，并且很可能会产生抵触情绪。)

我继续绕着操场转圈，走到操场东墙角时，2 米多高的肋木上坐着两个学生。两人优哉游哉地晃着腿在兴高采烈地聊天，我看到这一幕突然紧张起来，怕他们聊得忘乎所以掉下来！我走到肋木下面，抬起头柔声地对这两个学生说：“孩子，上面危险，你们慢慢下来吧？我在下面接应着你们。”“老师，没事儿，我们自己能下来！”我看着两个学生平安落地后离去。

走了没几步远，又看到墙根处有一个学生手里拿着一支燃着的烟，这个学生看到我过来，本能地把烟藏到身后！我忍不住笑了：“同学，你手里那个闪闪发光的东西是什么?”他低头不语，他不是拒绝回答我，是不敢回答。我依然笑着说：“孩子，我们互不相识，但我是老师，你是学生，我有责任关心你，你把手里的小星星灭掉，我就当什么也没看见，我也不问你是哪个班的，好吗?”他立刻把烟扔在地上，用脚踩灭了。

这天晚上也奇怪了，还没走几步，居然又看到一个学生手里拿着闪着亮点的香烟在吞云吐雾！我以同样的方法制止了这个男生，他把烟踩灭了。凭着第六感，我感觉他的衣兜里有打火机，我心生一计，依然温和地说：“我需要一个打火机回家点蜡烛用，家里停电了，我能借你的打火机用吗?”他低着头把兜里的打火机掏出来给了我。我依然温和地说：“我明天这个时候还你，行吗?”这个学生窘迫地说：“老师，我错了，我以后不吸烟了!”“好，一言为定，我们拉钩!”我和这个素不相识的学生拉钩起誓。后来在操场上我们再见面，他总是调皮地说：“老师，我戒烟了!”

职业学校的学生吸烟不是个例，这其中的原因也不是一两句话能概括得了的，我想这与学生的成长环境和成长经历是密切相关的。职业学校问题学生多，留守学生多，学困生多，这些原因导致学生缺乏关爱和关注，他们会借助吸烟来发泄自己的情绪。所以，面对这些学生，关爱比管教更有效，采用温和的办法更能触动他们的内心。

制止了 3 名吸烟的学生，我沿着操场继续散步。操场的南墙处停着一辆大卡车，卡车旁边站着一个男生，我感觉大卡车后面有异样！我悄悄地把头向大卡车和围墙的夹缝中探去，果然有另一种风景：夹缝里有一男一女两个学生，女生羞答答地站在男生的身边。

“你们在里面干什么？”我似乎有些严肃。“老师，我们在里面暖和！”那个女生一改羞答答的样子对我说，倒是那个男生不敢发言了。“里面暖和吗？我怎么觉得教室里更暖和呢？”我对女生说。“老师，我们教室在放恐怖片，我害怕！”女生貌似很聪明。

我闻言哭笑不得，我有必要和她较量一番智商了：“同学，我怎么觉得你俩在这黑乎乎的夹缝里藏着更恐怖呢！”卡车外面站的那个男生笑了，我对这个发笑的男生说：“你是不是负责放风的？”我扭头又对那夹缝里的一对男女说：“你们现在带我去你们教室里看看放的是什么恐怖片。”

“老师，不用了，我们现在就回班里去！”说完，三人一溜烟跑了。毫无疑问，这是青春期早恋。这青春期的秘密就像一个五彩的肥皂泡，又像一个小鞭炮。我们为师者要做的是轻轻地吹走这五彩的肥皂泡，让他们在空中自由飘散为好，千万不可以点燃这小鞭炮，不然会炸伤学生，也会让为师者失去学生的信任和尊重。

我在操场溜达了半圈，学生跑了一大半，可我心中却百般滋味。

继续溜达，看到地上的各种食品包装袋，捡起来拿在手中。灯影中，两个学生朝我跑过来：“老师，我们帮您一起捡！”原来是赛赛和莎莎。他俩手脚麻利，不一会儿就把地上的垃圾都捡到了垃圾桶里。我用手机拍照发到班级群里和朋友圈，对两个学生提出表扬！赛赛同学笑得很灿烂！

对于学生的教育，教师要言传身教，给学生做好榜样。

捡完垃圾，我本想回办公室，突然，一个高大的身影站在我身边：“老师，我想和您聊聊，行吗？”抬头一看，是13班的一个女学生，我笑着回答：“当然可以了！”

“老师，我有一个闺蜜，我们在一起很久了，关系非常要好，但不知道什么原因，这段时间她突然和我疏远了，我好难过。”“那么，你主动去找她了吗?”“没有，她不理我，我也不敢去打扰她。”“也许，她也是这么想的呢?原本并没有什么隔阂和原因，人与人之间有时候是很奇怪的，这时候就需要有一方打破沉默，如果都沉默那就可怕了，你说呢?”“老师，听您的，我回去就和她说话!”女孩高兴地走了。

目送学生走远，一种为师的责任感油然而生。当一个学生愿意把自己的心事与老师分享时，这是对老师的信任，我们老师要做到能够让学生亲近并信任，这就是和谐师生关系的构建。

皎洁的月光洒在操场上，我一边散步一边思考。我在思考我的学生、我的教育，我在思考这操场秘密背后的秘密——青春期学生成长的秘密，我们该如何保护和引导他们的秘密，让我们的学生健康、快乐地接受教育，获得成长，这就是教育者的责任!

15. 学生送我一盒烟

在前文中提到，职业学校学生吸烟，虽然不是普遍现象，却是客观存在的。面对这种现象，我也在教育教学工作中想尽各种办法给予教育和引导，比如开专题课，比如时常在教学生活中监督、告诫他们。多数的教育问题是发生在教育教学生活中的，为师者要及时发现，并且要巧妙地解决问题。

在一次晚自习时，发生了一件有趣的事情——我的学生送我一盒烟。

晚自习前，我早早地来到教室。一进门，居然看到栋栋同学光着上身在和同学玩纸牌游戏，这么冷的天，这还得了!我佯装嗔怒地喊了一声：“栋栋!”栋栋闻声赶紧穿上了衣服，笑嘻嘻地对我说：“老师，我打牌输了，输了就要脱衣服。”“那要是一直输呢?难道还要脱?”我好笑地问他，同学们哈哈大笑。

关于栋栋同学，我一直想找机会和他聊聊。这个孩子聪明、活泼、机灵，但就是不喜欢学习。用他的话说："老师，只要不让我学习，让我干啥都行！是俺爹俺娘非逼着我来上学的！"

我把栋栋叫到讲台上，我要和这孩子好好聊聊。

和学生聊天不能带着目的性，这样学生会反感的，就是随便聊聊，在聊天中发现问题，用聊天的方式慢慢解决问题。

"栋栋，老师今天晚上有时间，咱俩说说话吧？"我拍着他的肩膀说。"老师，那说点啥？""你想说啥就说啥。"

栋栋转动着他那机灵的眼睛说："老师，我发现咱们学校有许多秘密！"栋栋话音刚落，就有几个学生围拢过来，欲听栋栋说学校的秘密。

栋栋看到有了听众，立刻兴奋起来，手舞足蹈地说："老师，咱学校有学生谈恋爱！"几个听众哄地笑了："栋栋，你的女朋友呢？"栋栋入戏了，不假思索地说："因为我吸烟，她不理我了！"大家又是一阵哄笑。我又佯装嗔怒地说："栋栋，你刚才说什么？"栋栋突然笑了："老师，我说错了，我啥也没说！""你刚才的话我们都听到了哦。""老师，我干脆都告诉您吧，我在外面买了一盒假烟，吸得我嗓子疼！""噢，还有这事？我看看你的假烟。"栋栋一蹦三跳地走到自己课桌边拿出自己的假烟，当他把假烟拿到我面前时，他突然眼珠一转："老师，您不会没收我的烟吧？""你信任王老师吗？"我反问道。"老师，我最信任您！"

栋栋把烟递给我，我打开看了看，这烟比正常的烟细一些，看样子是假的。我对栋栋说："栋栋啊，假烟对身体危害更大！""谁说不是呢！老师，我才吸了两支嗓子就疼了！"我把烟又还给栋栋，装作若无其事的样子问："栋栋，你知道吸烟对青少年都有哪些危害吗？"栋栋又转动着眼珠说："老师，吸烟嗓子难受，胃也难受！"我语重心长地提高嗓门，对着全班同学说："同学们，我们都知道吸烟的危害，吸烟对青少年的健康危害更大，对骨骼发育、神经系统、呼吸系统以及生殖系统都有一定程度的影响。说白了，吸烟不但影响你们的生长发育，还影响你们的后代！一吸害两代啊！”

栋栋睁大眼睛看着我：“老师，吸烟怎么还危害两代啊？”我继续给学生们讲：“青少年吸烟，对于女生来说会引起月经紊乱，内分泌失调；对于男生来说会引起生殖系统发育不良，精子质量病变，从而影响下一代！”

“哇！老师，您意思是说我吸烟还影响俺儿了？”我不紧不慢地说：“当然，不仅影响你儿子，还影响你孙子呢。”栋栋一跺脚：“老师，我以后不吸烟了！戒烟！老师，我那一盒假烟怎么办？”“送给老师吧！”“老师，我花了10元钱买的啊！”“老师拿20元买你的烟！”“老师，这不行！我送给您，我不吸了！”栋栋欲把烟给我，在他递给我时犹豫了：“老师，我能留几支不？”“栋栋，你是个男子汉，男子汉做事要干脆利落！既然戒了就一支不能吸！”

栋栋把烟给了我，不一会儿又把打火机掏出来递给我：“老师，这打火机也没用了，都送给您吧！”

我当着大家的面表扬了栋栋，栋栋高兴地表示以后要好好学习我任教的政治课！我又对他讲，不管哪一科都要好好学习，每一科的知识将来都有用。“老师，我要是将来开个跨国公司，是不是现在还要把英语学好？”我说：“那必须的！”栋栋跳了起来：“老师！我英语啥也不会！我数学也学不好，我先把政治学好行不行？”“行！”我爽快地答应了他。

第二天，我去别的班上课，见到了栋栋。栋栋说：“老师，我今天吃了一天糖，就是为了忘记吸烟的事。”说完伸出舌头让我看，舌头上都被糖染成了红色。我握住他的手说：“栋栋，好样的，加油！”

我相信栋栋同学能把烟戒掉。在实际的教育生活中，规章制度的约束固然有效，但外因的作用远不及内因的改变。

教育，更应该是对学生内心的唤醒。

16. 青春的脚脖子

时代有时代的烙印，青春有青春的痕迹，只是这个时代变化太快，尤其是青年人的审美变化太快。

我是个十分怀旧、恋旧的人，似乎总是生活在过去的记忆中：听怀旧的歌曲，穿保守的服装，读经典的文字……朦胧而又清晰的20世纪80年代的记忆时常还在脑海中盘旋：街头的帅哥顶着一头泰迪般的卷毛（当然那时候中国似乎还没有卷毛泰迪狗），穿着宽大拖地的喇叭裤，怀里抱着一台录音机，录音机里播放着费翔的《冬天里的一把火》，这把火把整个世界都烧着了，邓丽君的歌曲也甜润了大街小巷。

那时我还小，但对家里大哥的“飞机爆炸头”记忆犹新，有时候我真担心堂屋里的燕子会把他的头当作燕窝，遂在一个他还没睡醒的早晨把他的卷毛头发扎了一个小辫子！当他到村口的厕所去方便时，那个漂亮的小辫子成了村民的笑谈。却不料，去年我到北京游玩时，发现北京的小伙子居然也在头顶上扎了一个小辫子！不久，在我生活的这个小城里也风靡起这种“丸子头”。

不是我不明白，是这个世界变化太快。

20世纪90年代，人们的审美追求突变，女性成了时尚的引领者。喇叭裤着实太费布料了，并且总是拖地而行，走路不方便，也不方便清洗，于是一种称为脚蹬裤的裤子横空出世。这种裤子舒适、价廉，一夜间风靡中华大地。当时的女子们无论高低胖瘦，腿粗腿细，腿长腿短，腿直腿弯……谁要是不穿一条脚蹬裤都不好意思出门。即使如我这般视潮流如洪水猛兽的古董人物最后也买了一条脚蹬裤，偷偷在镜子前审视了一番自己那“鸡腿”般的美，而后痛下决心：绝不随波逐流！

我虽不随波逐流，可时代的潮流依然如滔滔江水，奔流不息。现在的青年从头到脚都在追逐时尚，人们裸露脚脖子以展示脚踝的美。于是，八分裤爆红，光脚穿鞋成为时尚。我又用文学爱好者那犀利的不带任何淫邪之念的眼光观察起各色脚脖子的美来。有些女孩子的脚脖子真的非常秀美，白皙而纤细，盈盈一握；有些女孩子或者小伙子的脚脖子就无法使用溢美之词了，甚至还有碍观瞻，但有一种美叫美得大胆而无畏！

这种无畏的精神尤其体现在这严寒的冬日里：任你凛冽的寒风，任你零下的气温，管你把我冻得青紫烂红，管你把我冻得步履维艰，管你把我冻得骨折住院……

潮流是无敌的，青春是无畏的，青春更是任性的。但作为一个教师，看到那冻伤的脚脖子，我的心是痛的！每每看到校园里、教室里孩子们那冻伤的脚脖子，我的心就揪得生疼！我想大声告诉学生：孩子们，没有了健康也就没有了美！

脚部被称为人的“第二心脏”，受凉后很容易引发关节炎、风湿病等。这些问题可能不会立即表现出来，但会一直潜伏在身体中。

冬天一定要注意脚部的保暖，必要时尽量将秋裤裤腿扎进袜子里，以防脚踝受凉，切勿盲目模仿“露脚踝”。

青春本身就是一种美，没必要牺牲健康追逐所谓的潮流之美，健康即为美！请善待我们青春的脚脖子！

后记：为了防止孩子们冻伤脚脖子，我买了许多长筒袜送给他们，不管是不是我的学生，只要我看到了便会提醒他们注意保暖，让他们到我办公室拿袜子。有的学生不好意思去拿袜子，就向我保证一定回寝室穿上袜子。

17. 爱，不需要理由

爱，需要理由吗？如果说需要的话，那就是我们心里要装着爱。

——题记

每个周二早上7点我来学校值早读时，都要早来一会儿，先打开办公室的两个饮水机烧上水，水开后接一杯水再去上早读和第一节课。这几个周二的早晨我发现了一个问题，每当水快烧开时，就会进来几个拿着水杯的女生对我说："老师，我们可以接点热水喝吗?""当然可以啊!"我回答学生们。当学生们接完热水后，我也通常没有时间等水烧开再接了。我宁愿自己不喝水也要让学生喝上水，虽然这些学生不是我任教班级的学生，我也不认识她们，但在我的心里，她们都是我的学生。

这些学生大约都知道周二的早晨我会早早来办公室烧开水，她们可以接热水喝。这使我想起前几年的一件事：有几只小麻雀常无意间落在我的卧室窗台上，看着这些大自然的生灵我会莫名地生出一丝爱怜，于是我便有意把面包屑撒在窗台上，结果没几天竟又飞来好几只觅食。给予这些小生灵爱的温暖，同时，让我也沉浸在幸福之中。对于学生，我的内心更是充满了母爱的温柔。

一天，我来到2017级12班上课。史雪梦同学欢快地跑到我的面前，悄悄地告诉我："老师，今天是我的生日!"我惊讶地说："宝贝，我不知道今天是你的生日，祝你生日快乐！我送你什么生日礼物呢?"我突然想起自己包里有个准备用来当早餐的蛋糕还没来得及吃，我便拿出来递给雪梦："宝贝，这块奶油面包老师还没舍得吃，送给你!"我故意把面包塞入她怀里，假装不让别的学生看到，雪梦高兴得像小鸟一样飞奔到她的座位上。

上课了，我让学生们给雪梦唱生日歌，送给她生日的祝福。我提议班里成立个生日协会，以后谁过生日，我都会送上礼物和祝福。雪梦同学主动要担当协会会长。

这一节课是温暖的，当我讲课时走到学生们中间，几个女生打断我的课说："老师，您知不知道自己很漂亮？您的皮肤是那么滋润，您的嘴唇是那么迷人，您的眼睛是那么好看……"幸福瞬间击穿了我温柔的心，我笑着说："孩子们，我有那么好看吗？你们没有看到我眼角的皱纹吗？你们没有看到我头上的白发吗？"

老师，您在我们眼里就是最美的！

下课了，我没有直接回办公室，我想我的学生了，我到另外几个班转了转，和他们聊天、击掌、握手、拥抱……

我是幸福的，这种幸福来自对学生的爱。爱，不需要理由；爱，让我在匆忙的早晨，把吃的、喝的留给学生们；爱，让我眼睛里装着每一个学生的幸福；爱，让我沉浸在这种幸福之中，也许，这就是理由。

18. 过一种幸福的教育生活

教师的职业幸福来自哪里？教书为本，育人亦为本，教师要在教书育人的过程中享受到教育的幸福，我的幸福就是和学生们在一起。

本文撷取二三花絮，以表达我那无以复加的幸福。

我的 2017 级 11 班

我的 2017 级 11 班一定是我前世的情人，我与这个班孩子的感情常让我不由自主地做出一些不可思议的事情。

2017 级 11 班的教室就在教学楼一楼楼梯口旁边，我每次去楼上上课时，总是忍不住先进去看看我的学生。有时候我会进到教室里转转，和学生说说话，对对眼神，彼此心领神会地一笑。多数情况是我推开半扇门，用调皮的眼神扫视学生一周。这时同学们就笑了，甜甜同学会冲着我来一声甜甜的："女神!"

我每次下课时经过该班的门口，可爱的一凡、靖坤和李钦同学常会跑过来迎接我。我会停下来和学生们聊聊天，教育生活就在这点滴之间传递和浸润。

若说幸福，与 11 班孩子们的快乐课堂才是幸福的园地。每次来这个班上课，心情都是愉悦的，总是提前 10 分钟进到教室，听学生们唱课前歌，情之所至，我也会和大家一起唱。因为融洽、轻松的师生关系，我们的课堂也是轻松、愉快的。

因为这种融洽、轻松的师生关系，我常对这个班投入更多的关注和关爱，就是去另一栋教学楼上课，经过这个班的后窗户时，我也会透过窗户看学生们一眼。每当此时，学生们都会打开窗户起身和我招手致意，我也享受在这片刻的幸福之中，但这片刻的幸福有一天却消失了!

一天，我照常去楼上上课，经过 11 班，我又忍不住推开 11 班教室的门，把脑袋伸进去，却发现班里的面孔全变了！不是 11 班的学生了！课后我赶紧给班主任老师打电话，得知教室搬到 5 楼了，当我气喘吁吁上到 5 楼扶住门框站在门口看着学生时，我和学生们都笑了。

距离亦无法阻挡我对学生的爱。

梦迪的生日

我曾经对学生说过，谁过生日就告诉我一声，我会送上生日礼物，但学生们大概心疼我那微薄的薪水，没有人主动提起自己的生日。

一天上午，最后一节课我给 2017 级 15 班上课，无意中得知那天是梦迪同学的生日。下了课已经是11点半了，我赶紧跑到蛋糕店对老板说："抓紧给我做个最大的蛋糕，能做多大就做多大！再给我准备40套餐具……"老板诧异地看着我说："美女，您这是几个人过生日啊？"我说我给我的学生过生日。老板感动地说："老师，您真好。您放心，我给您做个最大的，价格上也给您优惠！"

下午，我提着大蛋糕走在校园里时，既幸福又紧张，幸福的是可以给梦迪过生日了，紧张的是我的学生多啊，别的学生看见会怎么想？果然，小晴看见我了，用她那漂亮的大眼睛似嗔非嗔地看着我，我赶紧安慰她说："宝贝，你过生日老师也会给你买大蛋糕的！"

走进教室，同学们已经把教室布置一新，我把寿星帽给梦迪戴上，把蜡烛点上，悠扬的音乐响起来，一块块蛋糕送到学生手中……

那个快乐的下午永远珍藏在我们的记忆里。

为幸福干杯

元旦晚会通常是学生和班主任的节日，但哪里都有我的身影，吃了甲班吃乙班，这美好的时刻我怎能错过？

当我来到计算机2017级13班时，孩子们兴奋起来了！有学生不停地往我嘴里塞东西，我鼓着嘴，也顾不上所谓的形象了。我们以饮料当酒，干杯庆祝，那一刻，我竟有了眩晕般的幸福。

看着学生们那么快乐，我的心也一起飞扬，想起了往事。

记得刚给这个班上课时，课堂纪律和氛围都不是我理想中的样子，我一直在思考如何改善这个班的课堂状态。有一天，我一进教室，看到学生们坐得异乎寻常地端正，我有些纳闷，但也没想那么多，依然用心地讲课。当我一边讲课一边走到教室后面时才发现有两位领导在听课！一瞬间，我心里乐了，原来如此！学生知道领导在后面听课，而我却不知道。那一节课上得行云流水而又活泼生动，领导走时留下一句话：听王老师的课是一种享受。

领导走后我借机和同学们探讨这节课的感受，大家一致表示良好的课堂纪律和氛围是上好一堂课的保障，以后要努力营造这样的课堂氛围。在后来的课堂教学中，大家的状态越来越好，师生可以共享课堂的快乐和幸福。

温馨的回忆使我情不自禁地和学生们频繁干杯，让我们为幸福干杯！

19. 青春是用来奋斗的

年前，给全校高一、高二的几千名学生做了一场《青春是用来奋斗的》主题报告，引起了学生们的共鸣，下文是报告的部分实录内容。

——作者按

亲爱的同学们，很高兴今天能够和你们在一起，虽然我不能与在座的诸位同学一一认识，但在我的眼里，你们都如我自己的孩子一般！我有许多话想对你们说，今天我就和大家来谈谈我们的青春故事。

俗话说，一日之计在于晨，一年之计在于春。青春年少的我们正处在人生最美好的年华，而这美好的年华转眼即逝。昨天，我还是和你们一样的年龄，可眨眼我就步入了中年，但眨眼你们也会到老师这个年龄。请大家今天不要眨眼睛，认真听我唠叨！（学生大笑）

青春是一本仓促的书，来不及翻阅就过去了，所以我们要珍惜青春。那么，我们该如何度过这美好的青春年华呢？该怎样奋斗才能做到青春无悔呢？

第一，要有梦想。

亲爱的同学们正值青春年华，正处在爱做梦的年龄，我们要拥有自己的梦想。人生如舟，梦想是帆，梦想是激励人们奋发前行的精神动力。纵观历史上的名人志士，无一不是怀揣着梦想实现自己的人生价值的。就连同学们喜欢的明星、偶像，他们也是为了自己的梦想孜孜不倦地努力。居里夫人在被人问到其成功的心得时，她这样回答："首先，要有一个美丽的梦想，然后把它变为现实。"那么，我们应该拥有什么样的梦想呢？

前段时间，我在我所任教的几个班里举行了一场"我的梦想"主题演讲，同学们各自都谈了自己的梦想。绝大部分同学的梦想是考上一所好大学，挣钱养活自己。严格来说，这不是人生的梦想，这是我们现阶段人生的目标，倘若这个目标能够实现，这也是人生阶段的一个胜利。我希望我们在座的同学们要有更高的人生追求，要敢于梦想，只有敢于梦想，你们才会在今后的日子里孜孜不倦、不懈追求、拼搏进取。可现实是，我们很多同学虽有伟大的梦想，却沉睡于课堂，梦里想（学生大笑）。更有些同学在挥笔写下自己的梦想时，连最常用的字都不会写。一个同学写下自己的梦想：我的梦想是将来挣很多线，给爸爸妈妈盖房子！我很奇怪盖房子怎么还用"线"？后来他说写错字了，应是"钱"。我让他改过来，可他连"钱"字也忘了怎么写，只好用"线"给爸爸妈妈盖房子！台下的学生笑作一团，我继续严肃地说，没有文化知识武装的梦想只能是梦里想！

今天在这里我也给大家分享一下我年轻时的梦想。我像你们这个年纪时，周围的同学也都有梦想，如长大要当科学家、政治家、教育家、作家……那真是梦想！我的梦想就是当作家，为了实现这个梦想，这么多年来我从未懈怠过，坚持读书，坚持写作。今年夏天搬家时，我唯一没有舍得丢弃的就是那满满一皮箱的日记和荣誉证书。当我无意中翻到我的一本日记时，自己都感动得流泪了，那本日记中记载着我在医院生宝宝时的情形。是什么力量促使我在那样的情况下还坚持写作？是梦想啊！去年夏天，我的父亲病了，住进了医院，同时一个诗刊的编辑向我约稿，我一边趴在病房的床上写诗，一边照顾父亲。那段日子累得我走路都晃，可我依然坚持写作！这些年来，我也陆陆续续发表了一些作品，虽然已经人到中年，可我依然没有放弃对梦想的追求。

不光是写作，任何一个成功的人都离不开读书和学习，终身读书和学习是这个时代给我们提出的要求。我们现在读的书是以学校教材为主，在时间允许的情况下多读读文学方面的书籍，一是能提高我们的语文素养和写作能力；二是可以提高我们的人文修养。我在班里发现有些学生读的书让我害怕，什么《变态谋杀十宗罪》《坏蛋是怎样炼成的?》等（学生大笑）。一个人读什么样的书就会成为什么样的人，一本好书对一个人的引导是积极的，反之则是消极可怕的！我在这里建议同学们多读经典。

第二，要有目标。

前面提到有些同学把梦想和目标混为一谈了。梦想是虚幻的、美好的，需要一生去追求；而目标则是现实的，为之努力通常是可以实现的。同学们在设定目标时可以设定一个长期目标和一个短期目标。

长期目标就是为自己将来升学而定，如自己将来考什么大学，如何在专业学习上取得更大的突破，如何在自己薄弱的学科上取得进步。

短期目标则是眼下学习状态的改进，相对于长期目标的设定，定每一个短期目标更为重要！俄国伟大作家托尔斯泰曾说过，这世界上最重要的人是谁？现在在我眼前的人；这世界上最重要的事是什么？现在我要做的事；这世界上最重要的时间是什么？此时此刻！他的话告诉我们一个道理，立足眼前，立刻行动。

同学们目前的学习状态，三年级的情况我不太了解，二年级的学习状态很好，但也不是十分主动和全力以赴，我重点说一下一年级学生的学习状态。

一年级的孩子来到咱们学校已经一个学期了，从习惯养成来说已经适应了学校的生活。但是，有些同学还没有养成良好的学习习惯！我始终认为一个良好的学习习惯会让人终身受益，而我们职业学校的学生恰恰缺少的就是良好的学习习惯。我的感受就是：我们的学生除了学习不努力什么都好！（学生大笑）有时候，老师真的心疼你们，有些学生在教室里一坐一天，目光呆滞，无所事事，甚至一睡了之！除了心疼，就是恨铁不成钢的难过。也许有些学科对于某些同学来说学起来是很困难的，但肯定不是所有的学科都困难，关键还是态度问题。

如果我们能把学习当作自己的理想和追求，那么学习就是一件非常快乐的事。有同学说："老师，我就不爱学习怎么办?"那好，适当地强迫自己去学，一旦你学进去了，学习的快乐也就来了。

所以说，同学们，青春是用来奋斗的，不是用来享受的，别让平淡的生活耗尽你所有的梦想，当你将来回首青春的时候，不要留下遗憾就行。

下面我再和同学们谈两个小问题：

第一，做一个有素养的职高生。

如果说学习困难不是你的错，那么能不能做一个有素养的好学生就是我们自己的选择了。把自己收拾得干净一点，对老师、同学礼貌一点，知道关心和爱护同学，知道为班级荣誉着想等，这都是我们能够做到的。

第二，关于同学们的小秘密：早恋。

青春期的学生如同春天刚发芽的小草，正是萌动的季节，对异性产生好感也是正常的，早恋并不是洪水猛兽。但是，如果我们不能理性地对待和处理早恋问题，任其发展，就会成为洪水猛兽。尤其是我们这个年龄，控制力差，有些人还明目张胆地炫耀，在同学中间产生不良的影响。

那么，如何对待青春期的小秘密呢?既然是秘密，那就藏在心里好了，让这个小秘密温暖你的青春记忆，千万不要肆无忌惮地拿出来展示，如同美丽的内衣，只能穿在里面，若是穿在外面，你觉得很美，别人会感觉不适应，甚至觉得很难受。

所以说，同学们，我们只要用欣赏的眼光远远地看对方一眼就行了，人生的路还很长，前面有更美好的风景，我们目前要做的是走好眼前的路。

青春是美好的，青春更是短暂的，如何让青春无悔?唯有努力过，拼搏过，奋斗过，才不会后悔。

愿同学们都拥有一个无悔的青春!

20. 监考手记

前几天看到一篇文章说，参加中、高考的监考老师都是折翼的天使，我深以为然。

河南的中考时间是每年6月25日和26日，今年我也是中考监考的一员。

6月24日下午，我和两位老师在教学楼3楼128考场布置考场时，进来一个认考场的男生。只见这个孩子个头不高，神情有些呆板（请允许我这么形容）。他认完考场也不走，站在自己的座位旁，我主动和他聊天，他也是木讷地回应，我的心里便有种隐隐的说不出来的滋味。

6月25日上午第一场考语文。我在4楼134考场监考，这个考场在昨天128考场的正上方。我站在教室门口核对学生信息时，昨天认完考场不走的128考场的男生居然来了，我问："你怎么跑上来了？你的考场在下面！"他不说话，木讷地扭头走了。

语文开考，考场氛围很好，学生们都在认真答题。我站在教室后面，无意中看到了学生卷子上的作文题目《最懂我的人是谁》。作为文艺青年，我的大脑飞速运转，意图构思一下，却悲哀地发现无人可写！最懂我的人是谁？我忧国忧民忧天下，知我者谓我心忧，不知者谓我何求？

不思也罢，继续监考，目光停留在一个女生的后背上，这个孩子的白色T恤衫后面印着一个"岁"字，字的前面还有一个数字。她浓密的马尾辫把那个数字遮盖住了。我对这个熟悉的"岁"字产生了兴趣：何为岁也？夕阳下山为岁啊！再想想自己如今的岁数，再看看这些十几岁的学生，无限感慨。

下午考物理、化学，我换到了117考场。物理科目一开考，气氛就不对了，一个女生刚拿到卷子就开始睡觉！我摇醒了她无数次，该女生急了。我问她报考的是哪所学校？答：师范。我看着这个女生心想，她将来能为师为范吗？记得有人说过，如今学习好的学生根本不报考师范，只有那些成绩不行的学生才报考师范，我的心情……（此处省略1000字）

该女生继续睡觉，叫也叫不醒，为了避免糟心，我站到了后门口。后门口的男生在演算纸上龙飞凤舞地写着什么，我忍不住瞄了一眼，心中一惊：好字！只见该男生并没有做题，而是在练字：长风破浪会有时，直挂云帆济沧海。天生我材必有用，千金散尽还复来。少年不识愁滋味，为赋新词强说愁……当我看到最后一句“书到用时方恨少”时，忍不住笑了，这恐怕是他此时此刻的心情吧！

6月26日上午第一场考数学。数学是报考中职学生的噩梦。数学试题对于这些学生来说简直是：此题只应天上有，人间能得几人会？果不其然，开考没几分钟就趴下一大片！我忙着叫醒这个，那个又趴下了。看着这些昏昏欲睡的学生，真是哀其不幸，怒其不争。

我还看到一个女生正用圆规画着什么，便欣慰地看着她画。可她却画个不停，我就好奇了，走过去一看：草稿纸上画的全都是圆圈！一个圈套着一个圈……这是排遣无聊的圈套啊！

下午最后一场是英语，先考英语听力。

一个学生拿到答题卡就开始涂抹！我赶紧制止，没发卷子呢，听力还没开始呢，怎么就涂答题卡？这个学生回答：“老师，反正我也不会，先瞎涂了吧！”

英语听力开始，这叽里呱啦的英语听力仿佛成了催眠曲，学生们一个个应声而睡！

听力结束，集体阵亡，都趴下了！用游戏术语说就是“团灭”！独留我们3位监考老师大眼瞪小眼地对望着……我又开启了叫醒模式、提醒服务，收效甚微。

我站了两天，身体累，看着这些孩子的状态，心里更累！我知道，这些学生中有一部分会到我们学校就读，甚至有人会成为我的学生。

我们职业学校的老师面对的多半是这样的生源，我们要使出洪荒之力改正他们的行为习惯，改变他们的学习态度，甚至改变他们错位的价值观、人生观。

这又将是一场新的师生征程。

21. 招生花絮

对于职业学校来说，招生不光是学校的任务，也是每个老师的任务。暑假期间，我参与了学校招生值班工作。

值班第一天上午，我接待了一家三口，一对父母领着他们的孩子前来咨询。只见这个孩子眉宇间透着一股灵气，我第一感觉就是这孩子不一般。但我还是按照常规询问他一些基本情况，当我问他毕业于哪所学校时，这个孩子说他没有毕业学校，他一直在外地一所国学堂学习。这个孩子的话印证了我的感觉，同时也引起了我的谈话兴趣。我与这个学生谈起了国学文化对于人的影响和引导，仿佛是偶遇的知音，又仿佛是师生之间的一种交流。畅所欲言，言无不尽，我和这个孩子都忘记了身边他父母的存在，也忘记了同事的存在，不知不觉竟聊了一个小时！直到身边的同事提醒我，我才从谈话中拉回思绪。我知道，职业学校是偏重专业技能学习的，而这个孩子更适合在文学的殿堂中深造。可这样的话我也不能明说，学以致用也是学习的根本目的。我问这个孩子想学习什么专业？没想到他竟然说："老师，和您一聊天，我感觉自己的国学文化知识学得还不够，还想继续回去学习！"闻听此言，我内心竟是喜悦的："孩子，我也希望你能回去继续深造，国学博大精深，但深悟者少，希望你能学有所成。"

目送这个孩子远去的背影，我是欣慰的，一个真正的老师应当没有私心私欲。

招生工作第一天以失败告终。

第二天，我听到办公楼大厅有人争执，原来是两家家长和两个孩子在争吵关于上学的问题。我在旁边听了一会儿弄明白了，家长说："如果你俩都想带手机就别来上学，再说，人家这个学校也不一定让带手机！"我说："可以带。"两个学生面露欣喜之色，看了我一眼。家长又说："这两个孩子非要一个班，一个寝室，他俩是诚心不想好好学习。"我不紧不慢地对家长说："首先为这两个孩子的友谊点赞，再者不会玩儿的孩子也不会学习！"他俩开心地看着我，但家长的脸色却沉下来了。同事赶紧把我拉到一边："王老师，您别再把学生吓跑了！"

不一会儿，这两个孩子高高兴兴地过来报名交费，我模仿着播音员的口吻说："职高欢迎您！"

第三天上午，来了一个学生，看那样似乎和这个世界有仇。父母问他学什么专业？答：随便。父母又问他上什么班？（学校有升学班和就业班）答：随便。父母问他住不住校？答：随便！

我从收费台上下来，走到这个孩子身边，说："同学，来，咱俩'随便'聊聊。第一，咱们学校没有'随便'这个专业；第二，咱们学校也没有'随便'的班级；第三，咱们学校更没有'随便'的住宿生。"三言两语，这孩子笑了，开开心心报了名，报了名还不走，坐在那里玩手机。我知道他心中的锁"咔嚓"一下打开了。

这天下午来上班，发现招生办公室大厅门口躺着几个农民工师傅。这几天天气太热了，学校的实训楼正在施工，师傅很辛苦，我悄悄地从他们身边走过去，不想吵醒他们，让他们多休息一会儿。

第四天上午下班时，我走得晚，这几个工人又来门口休息，并且请求我走时不要关大厅的门，这样可以吹到冷气。大厅里有各种设备和招生用品，我怎么能开着门走呢？看着工人师傅那期望的眼神，我改主意了。

我没有回家，也没有吃饭，开着门，让门口的师傅们享受着冷气，又累又饿的我趴在桌子上睡着了。

第五天，来了个家长，学生没来，我问了孩子的中考成绩后详细地给他讲解学校的招生政策和专业设置。这个家长决定立刻给孩子报名交费，但身上没有现金。我说可以微信支付，这个家长焦急而又为难地说他微信里没钱，他下午就要去外地办事没时间给孩子来交费，问我可不可以先替他垫上？我当场给他开了交费单，填写了报名须知，家长非常感谢地加上我的微信走了。信任是相互的，第二天，这个家长就把费用给我转过来了。

第六天，来了个带队老师给学生报名，这个带队老师是个 50 多岁的大姐。在我给学生开单子时，大姐盯着我说："哎呀，老师呀，我昨天在你们校门口看见你时我就在想，这个女老师怎么长这么漂亮啊！今天又发现你的口才也好好啊！莫说学生喜欢你，我也喜欢你，咱俩加个微信吧！"旁边同事打趣："长得好看也能吸引学生啊！"一时我竟羞涩无语。我想起一句话：女人是因可爱而美丽。一个女老师更要让自己可爱，只有可爱的老师才能让学生喜欢。

第七天，第八天……招生工作每天都在热火朝天地进行着，开单开得手发麻，数钱数得手抽筋，虽然累但心里是满足和快乐的。学生是一所学校生存的根本，有了学生就有了一切。

半个月的招生值班工作结束了，把所有的手续整理好，转交学校，圆满地完成了自己的工作，回家休息。虽然工作结束了，但这些招生的花絮常常闪现在我的脑海里，这是学校生活的温馨记忆。

22. 教师的力量——吸引和引导

教师的力量是什么？是给予学生知识还是给予学生人生的理念？抑或应是二者兼顾？在实际的教学生活中，教师还应具备一种力量——那就是对学生的吸引和引导。

每年新学期开学不久，学校会根据学生对专业的适应性进行专业调整，如果调整后的专业仍不适应可以继续调整。去年下学期，我任教的11班从别的专业转来一个学生。当我走进教室发现多了一张陌生的面孔时，我前去询问，得知是调专业转来的学生。首先，我对他的到来表示欢迎，欢迎他加入新集体，感谢他成为我的学生，然后我开始讲课。那节课讲的是什么内容我不记得了，这个班的课堂氛围一向是非常好的。每次讲完课我都会不由自主地留下来和学生们交流。我与学生交流时，那个新来的学生趴在讲桌上看着我说："老师，我从来没见过像您这么好的老师！我不走了！"听完这孩子的话，我笑着说："孩子，感谢你对我的信任，让我们一起度过快乐的学校生活吧！"

今年新学期开学，在某班上课，发现梦梦同学没来，同学们说她辍学了。瞬间，我的心凉了半截！对于梦梦同学的记忆和印象源于去年的一个课间插曲。因为带的课多，学生多，我是无法做到认识每一个学生的，也无法做到叫出每一个学生的名字。那天，我照常提前去上课，刚走到二楼走廊，突然一个高大漂亮的女生跑过来给了我一个大大的拥抱！我瞬间小鸟依人地依偎在她怀里。这孩子抱着我说了一句话："老师，我好爱您！"那一刻，幸福击穿了我的内心，我也情不自禁地回了她一句："老师也爱你！"后来，我查座次表，才知道这个孩子叫梦梦。

可我还没来得及给她更多的关爱，她却毫无征兆地辍学了，这让我内心很失落。正当我想着如何找回这个孩子时，她竟出现在班级里："梦梦，你终于来了！""老师，我想听您的课，我舍不得您，所以我来了！""好好好，来了就好！老师希望我的学生一个不少！"

"一个不少"是我的教育愿景，可总有些事情非我所愿，总有学生因为各种原因想离开学校。

张老师说她们班的小文同学拒绝交住宿费，下学期不来上学了！闻听此言，我坐不住了，眼看要放寒假了，如果这孩子开学不来，那她就真的辍学了。事不宜迟，我顾不得吃晚饭，早早地来到教室，把小文叫出来。我假装聊天："小文，快放寒假了，给老师说说假期准备干什么呢？""老师，我准备去美容院打工。""美容院啊，想学习美容的手艺吗？看我们小文多漂亮，不用美容已经是非常漂亮了。"小文羞涩地笑了笑，我继续说："假期打份工也挺好，可以锻炼一下自己，但别忘了假期学习哦！"小文的神情起了变化，欲言又止，我拉住她的手："小文，有什么不能告诉老师的小秘密吗？"小文低头说她不想上学了，想出去打工。我把她这个年龄辍学走向社会的弊端一一道来，这关系到一个女孩子一生的幸福。小文默默地听着，我知道她在犹豫，最后我问她："小文，你将来想成为一个没有文化、生活没有质量的人吗？如同农村的女孩子一样，早早结婚，生两个娃，把娃扔家里，自己出去打工！"小文不说话了，我继续说："如果生活困难，不能交住宿费，老师替你交！好好想想自己的未来，不要一时冲动！"

第二天，小文交了住宿费。

后来这个孩子学习特别踏实，这使我感到十分欣慰！

教师，从某种意义上说是学生的领路人，也是引路人，指引学生走上正确的人生之路。

23. 善待家长就是善待学生

心里装着学生，就会去关注和学生有关的一切。

——题记

周五的上午，是学校过双休的日子，上午学生下了第四节课就可以回家了。在学生下课之前我习惯性地在校园里溜达，享受这校园的安静。

走着走着，发现在空旷的操场上站着一个中年女子，职业习惯使然，我走过去询问她找谁。她说她在等孩子放学，怕在校门口接不到孩子，所以在教学楼处等。原来是学生家长。学校的保卫措施是很严的，我问该家长是如何进来的，她说给班主任老师打过电话后进来的。我问她知道孩子的班级在哪里吗？家长竟不好意思地笑了："老师，我还真不知道孩子的班级在哪里。"我告诉她我们学校有三个教学楼，几千名学生，站在这里是接不到孩子的。我又问她孩子的名字，她告诉我孩子叫晓丽（化名）。晓丽恰好是我的学生，教室就在第二教学楼楼梯口旁边。我让晓丽妈妈等候，我到教室窗外悄悄地看了一眼，教室里没有学生。学生不在教室上课就在实训室上课，晓丽应该在实训楼上课呢。我告诉晓丽妈妈，去校门口等孩子下学，晓丽妈妈谢过之后去校门口了。

回到办公室，我仍不放心，就到实训楼门口等晓丽。下课了，学生从校门口涌出来，我的眼睛也看花了，我看见他们班的班长出来了，我让他转告晓丽同学，她的妈妈在校门口等她。

周一回到学校，见到晓丽，晓丽说那天她妈妈接到她了，谢谢老师。

学生的事没有小事，家长来接孩子，而且是长途跑过来，如果接不到孩子，对于家长和学生将意味着什么？

教师眼里要有学生，心中要有家长。

一天，我经过办公楼大厅，见一位老人在费力地看大厅的宣传栏。

“大爷，您的孙子要上学吗？我们现在正好春季招生呢。”我对大爷说。

大爷佝偻着腰转过身来：“老师，您说啥？我耳朵背，听不见，您大点声。”我便扯着嗓门和他交流起来，从大爷无奈的叙述里我知道了大概情况：孩子的妈妈离家出走了，孩子的爸爸出去打工了，把一个辍学的孩子给老人扔家里。老人不想让孩子整天在家无所事事地玩手机，想让他来学校学习一门技术，将来也好谋生。我了解了老人的良苦用心，我把学校的招生政策和专业设置讲给老人听，老人感激地说明天带孩子来报到。我说可以的，并把自己的电话留给了老人。

回到办公室，同事吃惊地问我在和谁吵架，嗓门那么大！这可不是我的样子。我忍不住笑了，把刚才的事情说给大家听。

第二天，老人果然带着孩子来了。老人背着铺盖，身后跟着一个黑瘦羞涩的孩子，面对此情此景，我的心里很难受。领着爷孙俩报名交费之后，我又到宿管办公室去安排住宿。在去宿舍的路上，我有意问孩子：“你今年多大了？”答：“十六了。”我又问：“你爷爷多大了？”答：“七十了。”“嗯，爷爷的年龄确实不小了，腰都驼了，还要背着那么重的行李。”我意味深长而又故意轻描淡写地说着。这个孩子走过去把爷爷背上的行李接过来，老人的神情有些诧异又有些激动。

这个孩子被安排到了春招班学习。让我没想到的是，在不久后的学校技能竞赛中，他得了二等奖。看到孩子站在领奖台上羞涩中透着自信的样子，我也想起了他那身影佝偻的爷爷，此时我很欣慰，我想孩子的爷爷一定更欣慰。

教师就要像农夫，在播种的季节撒下爱的种子，这种子要撒在学生的心里，也要撒在家长的心里，更要撒在教育的田地里。

24. 做学生最贴心的朋友

做学生最贴心的朋友，谈何容易啊！莫说学生，就是自己的孩子，我们能和他做贴心朋友吗？面对这些毫无血缘关系的学生，你会爱他们吗？如果我们能像爱自己的孩子一样爱学生，你也会发现他们的许多可爱之处。我现在看着学校的每个孩子都觉得可爱！每个孩子我都温柔以待。

有一年，我们学校收下了一个有些轻微智障的孩子，这孩子见了我就问："老师，您吃饭了吗？"并且常常不分场合地问我，有时候在厕所遇见了也问我："老师，您吃饭了吗？"你说我该怎么回答呢？我依然温柔地说："吃了，吃了！"后来我想，得帮助这个孩子改变。改变也需要老师的教育艺术。我再看到她时就主动说："宝贝，我吃过饭了。"她竟然嘿嘿地笑着改口说："老师，您好漂亮！"听到这话我便感到了莫大的惊喜和欣慰，这是我听到的最美的赞美。后来再遇到这个孩子，我总是和她聊一会儿，我们从"你吃了吗"这个话题上延伸到了许多生活中的话题上，甚至学习的话题上。这个孩子每每见了我就开心地跑过来和我说话。

我也纳闷，怎么把这样的孩子也收进来了？后来换位思考，如果这是我们自己的孩子，有这么好的学校收下我们的孩子，我们是不是非常感动与感激呢？教育无小事，我们学校为一个家庭解除了孩子上学的后顾之忧，这不就是一种教育的情怀吗？我们能让这样的孩子学会交流与生活，这不就是教育的大爱吗？

一所学校有大爱，一个老师心中更要有大爱，眼里装着学生，做学生的知心朋友，学生就愿意和老师亲近。

正是因为愿意做学生的知心朋友，我的学生刘志宇（化名）有事没事就来找我聊天，他总是把自己的秘密有意无意地透露给我。尤其是这孩子喜欢外出旅游，有时候他的行程连父母都不知道，但他总会告诉我。我一直默默地关注着他，也一直劝他要把自己的行踪告诉家人，这是安全的需要。

有一次，志宇同学给我发过来一张开往广州的高铁票图片，我让他把自己的行踪告诉父母，这孩子拒绝了。他说："老师，这次真不能告诉我爸爸妈妈，我只告诉您一个人！"职业的敏感使我意识到这里面有问题，他很可能是去见女网友或者是他的女朋友。此刻我是无法阻止的，我只能一再提醒他一定要注意安全，随时和我保持联系。他回来后问了我一个问题：如何才能考到广州的学校去？我因势利导地告诉他，只有努力学习呀！后来他的成绩突飞猛进，班主任老师很惊讶，不知道为什么这孩子的成绩进步这么快，我知道这里面的原因，这是我和志宇之间的秘密。

有的学生离开了学校，我依然和他们联系，在我心里，他们永远是我的学生。他们向我倾诉生活的艰辛和苦恼，我耐心地倾听并且安慰他们，我也帮助孩子们寻找解决问题的办法。

行文至此，我想起前几天我的一个学生，晚上 11 点给我发信息，要我给他支付宝转点钱，他要买一件衣服。那天晚上我已经很累了，但我仍打起精神给他转钱，因为手机故障，钱一直转不过去，我怕这个孩子会有啥想法，我让他耐心等待，最后我把钱成功转给了他。我知道，这是学生对我的信任，我珍惜这种信任，也爱惜我的每一个学生。

正因为这样的爱与情怀，学生和我非常亲近，他们愿意和我在一起，愿意和我说心里话，无论是教室里、操场上，还是放学的路上，或是微信里，我们都是最知心的朋友。

25. 做一个让学生愿意亲近的老师

曾经在网上看到两幅形容师生关系的漫画，一幅是形容以前的师生关系的：老师是猫，学生是老鼠；另一幅是形容现在的师生关系的：学生是猫，老师成了老鼠。我认为，无论是前者还是后者，都不是良好的师生关系。良好的师生关系应该是亲密和融洽的，简言之，就是做一个让学生愿意亲近的老师。

学生的感情是细腻的，学生的眼睛也是雪亮的。一个老师喜不喜欢他的学生，从课堂教学和师生相处中都能体现出来，这也是一个老师对待学生的态度，而这种态度也决定着学生和老师的亲疏关系。

每当接新生班的时候，我都会告诉学生我的名字：王旭霞。我告诉学生可以直呼我的名字，也可以称我王老师，但我不喜欢大家叫我政治老师，这个称呼太生硬。在师生关系中，我享受那种亲密的状态。

每次上完课经过楼梯口的农艺班时，班里的几个学生都会在门口等我，前呼后拥地送我回办公室。我戴着墨镜一脸幸福地走在前面，后面跟着几个青春阳光的学生，那阵势令其他老师艳羡，他们无法理解学生何以和我如此亲密。

同事问："学生为什么对你那么痴狂?"我说："学生喜欢我呀!"

当我走在校园里，会遇到学生突然"袭击"，给我一个拥抱，远远地就会听到学生"女神"的呼唤声，学生的问候声总是不绝于耳……

这个世界上没有无缘无故的爱，学生愿意亲近一个老师的前提是老师愿意亲近学生!

我的眼睛里装着学生，我的心里装着学生，我的整个生活几乎都沉浸在教育里。我曾调侃自己：把自己种在教育里。

俗话说：种瓜得瓜，种豆得豆。播下幸福的种子，定能收获幸福的果实。学生的信任和亲近让我在繁重的教学工作中感受着教育的快乐。

有时在操场上散步，学生们不停地和我打招呼，时不时有学生来到我的身边，向我倾诉他们青春的烦恼、人生的迷茫。我们在夕阳下的操场上边走边聊，享受着师生之间的美好时光。

一个教师的情怀就是眼里有每一个学生，哪怕他不是你所带班级的学生。我会和不认识的学生微笑，甚至会做个鬼脸把他们吓一跳，而后惹得他们大笑。一天中午放学后，一名女生走到我面前和我说话。我不知道这孩子是哪个班的，她不是我任教班级的学生，我也不记得何时和她有过交流。但她像是十分熟悉我一样对我说她要去实习了，我便像十分熟悉她一样告诉她要好好实习，好好生活。

我知道，这孩子肯定在某个节点和我有过交集。这样的交集时常发生在我与学生之间：一个微笑、一声问候、一句关切、一个握手、一个拥抱……正是这些无意中的关心、关爱，使学生愿意和我亲近，我和学生之间建立了亲密的关系，这种关系正是我为师的幸福！

26. 把自己种在学校里

夕阳的余晖照在教学楼上，这静谧的金色光辉让人陶醉。教室的灯已经亮起来了，安静的教室里是学生们伏案学习的身影；校园里的银杏树在温润的空气中轻轻地摇曳着翠绿的叶子；四叶草开出了满地的粉色花朵，犹如绣在碧毯上……

我深情地看着这一切，想起了晨光里的学子，想起了暮色下的校园，甚至想起了门卫室保安的问候：“老师，您又走这么晚啊！”此刻，我的脑海里突然闪现出一句话：把自己种在学校里。

种子种在土里才能开花、结果，作为一名教师，我想我应该把自己种在学校里。

走过20年的教师生涯，一幕幕往事涌上心头。

我想起了那年在分校工作时的情景，我负责分校阅览室的工作。每天工作结束以后，读书就成了我最大的享受。为了最大限度地利用时间读书，我悄悄地把铺盖拿到了办公室。同事下班后，我便把3张课桌排在墙壁处，把藏在柜子里的铺盖拿出来，和衣而睡，几年间，竟无人知晓。

后来，我到学校教务处工作，每天下班后便是我学习之时。因为我总是走得很晚，还闹过一次乌龙事件。

有一天晚上，我在办公室学习，突然听到门外有“啊！啊！啊！”的声音。这声音在空无一人的办公楼里回荡，我不禁有点毛骨悚然！想出去又不敢，直到半个小时后这可怕的声音消失，我才逃也似的离开了办公室！

第二天，我忘了这恐怖的声音，又留在办公室学习。到了那个时间点，“啊！啊！啊！”的声音又响起来，而且这个声音还渐渐地逼近我的办公室。我的心跳加速，大脑快速运转：怎么办？突然间，我感觉到了荒唐，想起自己年轻时抓流氓、斗歹徒的英勇，现在怎么会变得如此胆小？

我鼓足勇气，一下子把门打开，跳出去大喝一声：“谁在叫！”一个手持拖把的女子站在办公室门口失声道：“老师，您吓死俺了！”借着室内的灯光，该女子确实被我吓得不轻！我说：“是不是你在大叫？”女子说：“老师，我不叫这声控灯不亮啊！”

再后来，我登上讲台成为一名教师。知识的沉淀和对教育的热爱使我激情满怀，我更是结结实实地把自己种在了学校里。

不管有没有我的课，不管有没有我的晚自习，我都愿意待在学校里，甚至是教室里。和学生聊天，和学生谈心，和学生一起感受他们的喜怒哀乐……

前段时间在学校最美教师的演讲会上，我以调侃的口吻对学校负责考勤的主任说：“不用查我的岗，除了睡觉、吃饭，我都在学校里。”

学校俨然成了我的家，我对这个家的每一个成员都充满了爱。

晚上去操场散步，看到偷偷吸烟的学生，我会用朋友般的关怀去劝诫；看到墙角有早恋的学生，我会用母亲般的口吻去谈心；看到学生在冬天里露着脚脖子，我会发文去每个班里疾呼……

爱出者爱返，福往者福来。把自己种在学校里，花便开在学校里，果便结在学校里。在与学生朝夕相处的日子里，师生之间建立了深厚的感情。无论是不是我任教的学生，他们见了我都会开心地和我交流；无论是不是我认识的学生，他们见了我都会和我打招呼甚至拥抱。常常会有学生悄悄找到我，向我倾诉他们内心的秘密和烦恼，我常常不知道这些孩子的名字叫什么，这并不重要，重要的是师生之间的一种信任！

倘若过周末或者放假，对学生的思念有时甚于对女儿的思念，假期中几乎每天晚上都会梦见给学生上课的情景！我家夫子曰：痴癫也！

一个人只有热爱自己的职业才能产生职业的幸福感，这种幸福使我愿意为之付出，使我愿意把自己种在学校里。

27. 赴一场精神的盛宴，遇见更好的自己

作为教师，对于三尺讲台，我始终是敬畏的，甚至有时是忐忑不安的，深恐误人子弟。

因为恐惧，所以学习。

当得知2017年全国中职心理健康教育高峰论坛于12月22日在武汉召开时，我迫不及待地想去学习，学校领导也非常支持我。那天，我早早地坐到会场的第一排，期待着专家的讲座。

倘若对学习还有些神往，说明你还年轻，我喜欢这个说法。

张振笋院长是论坛的第一位主讲嘉宾，看到张院长感觉十分亲切，似曾相识。我突然想起来，曾经有位校长给我发过张院长的照片，让我多向他学习。时间流逝，人海茫茫，没想到却在此时此刻见到张院长。

缘分竟是如此美妙。

作为国内较早研究、实践本土化生涯教育的学者，张院长为我们做了题为《本土化生涯教育理论与务实》的专题报告。基于职业院校当前的现状，张院长从人学视角阐述生涯教育的内涵，列举国内外实践探索经验；从课程、活动、咨询等方面，介绍了开展本土化生涯教育的基本方法；从理解关系视角，分享了教育即自我修炼，先让自己成长起来等观点。

张院长充满激情的讲座，让我感觉讲座好像就是为我一个人而准备的。我认真地听，快速地记，唯恐遗漏一句教育箴言。

22日下午的主讲嘉宾是来自广东省中山市技师学院的谭纯副院长。谭院长乃性情中人，以其带有磁性的“粤普”，丰富的肢体语言，饱含深情的演说，感染了在场的每一个人。我情难自禁，走上讲台对谭院长说：“谭院长，我无法用语言表达自己的激动心情，您若是个女院长该多好啊，我就可以给您一个拥抱!”

谭院长走到我身边，给了我一个大大的拥抱，这是对职业教育共同的激情和热爱的拥抱。

22日晚上，论坛精彩继续。崔佳博士在团体辅导活动中，以其深厚的心理学功底和灵动的语言，令与会老师们忘记了自己的身份和年龄，如同孩子般乐翻了天。

快乐的时光总是短暂的，短短的两个小时互动，让大家成了熟悉的一家人！

23日上午，台湾生涯发展咨询学会理事长黄素菲老师分享了台湾的心理健康教育课程的设计和实践经验。黄老师温文尔雅，讲起课来娓娓动听，时时闪现的思想火花令与会者发出会心的微笑。这场讲座让我们感受到了来自宝岛台湾的文化同源的亲切和台湾学者的儒雅风范。

每一次远行，都是为了遇见；每一次遇见，都是一次学习；每一次学习，都是一场精神的盛宴。经由这样的学习盛宴，我看到了别样的世界，遇见了更好的自己。

28. 幸福的2017

2017年眨眼过去了，用小沈阳的话说，眼睛一闭一睁，一天过去了；眼睛一闭不睁，一辈子就过去了。2017年对于我来说好像就是眼睛一闭一睁的瞬间。

盘点这一年的生活，用白岩松的话说就是：累并快乐着！

这种快乐甚至让我有点找不到北的感觉。

我的学生说："老师，我要生生世世和您在一起。"

我的学生说："我从来没有遇到过像您这样好的老师。"

我的学生说："我们一天不见您就想您。"

我的学生说："您是我们的女神。"

我的学生见了我会给我以飞吻，会突然袭击，给我一个猝不及防的拥抱。有时，我走在校园里，会有一种阅兵般的幸福……

最让我感动和幸福的是有一天早上，我正和孩子们沉浸在课堂的愉快气氛中，班主任老师突然进来宣布：为了孩子们的假期路途安全，现在就放假离校，不得滞留！我正在错愕之间，只听孩子们高呼：“老师，我们不走！我们要上完这节课！”

这是职业学校的课堂啊！孩子们再三说不让我下课。

什么是幸福？这就是幸福！

幸福让我忘记了疲惫，让我忘记了生活的琐碎，让我忘记了人间烟火。

但是生活没有忘记我。暑假伊始，还没来得及喘息，父亲就突然病倒！当我确信躺在病床上那个奄奄一息的老人是我的父亲时，我的眼睛湿润了。在那衣不解带的日子里，我守候在父亲的病床前，彻夜无眠，在无眠中我用诗句祷告父亲早日康复。在那一个多月的日子里，我边照顾父亲，边在病床前整理自己的诗稿。

日子匆匆而过，掩面沉思，还有别样的感动。

这一年来，我那个桀骜不驯的马夫子回归朴素的人生，竟至于包揽了所有的家务，这对于一个大才子来说委实难能可贵。

这一年来，我那个缺少父母陪伴，独立能力超强的女儿考上了她心仪的大学，独自一人拉着行李箱走了，这一走就是半年！行文至此，为母我潸然泪下！

这一年来，行走在路上，遇到了人生中的有缘人，给予我帮助和感动。

这一年来，收获了许多意想不到的美好，我的诗、我的文都印成了铅字。

这一年来，除了幸福就是感动，除了感动就是幸福。

这一年是我人生之中最美好的一年！

29. 总得有人去擦亮星星

——读余国良老师《看着你飞向幸福树》有感

前一段时间，我想找一些有关中职学生教育的书籍来读，找遍书店未果，当拿到余国良老师这本《看着你飞向幸福树》时，心潮澎湃，一口气读完，合上书页，谢尔·希尔弗斯坦那句“总得有人去擦亮星星”不禁让我潸然泪下！

总得有人去擦亮星星，谁来擦亮我们职业学校孩子们心中蒙尘的星星？毫无疑问，余国良老师就是那个擦亮星星的人！

一个人行走在路上，总会遇到与自己同行的人，也正是由于对职业教育探索的渴望，使我有幸与余国良老师相识，我期望自己也能像余老师那样做一个擦亮星星的人。

余老师是一个看见学生就会眼睛发亮的人。他从事职业教育30多年，至今依然战斗在职业教育的岗位上，陶醉在陪伴中职生一起成长的快乐中。在这种陪伴中，他以润物细无声的关爱解决中职生成长道路上遇到的各种问题。面对孩子成长的迷茫，余老师没有用空洞的理论说教，而是倡导使用“顺顺性子、随便说说、一起处处”等方法，用心呵护孩子的心灵。余老师深谙中职学生最恨那种“理论一大套，实际做不到”的老师，因而在编撰此书时，全部采用讲故事的形式，以一个大玩伴的口吻与孩子们谈心、聊天，打开他们的心锁。

中职生只是暂时被中考的这根棒子打晕了，他们的潜能还在酣睡中，我们中职老师的职责就是唤醒他们的潜能，使他们都能像棋盘上的棋子一样，士相有士相的用途，兵卒有兵卒的功能。

因此，余老师告诉孩子们："别回头，往前走！"他采用通俗易懂的顺口溜的方式叮嘱孩子们：只要身体好，人人都是宝。只要手脚灵，个个都能行。中考失了分，不要太伤神。只要拐个弯，路子会更宽。

中考失败不可怕，孩子们要放下过去，努力去拼搏，在职校里起好自己人生的炉灶。面对家长的期望，要学会珍惜；面对老师的激励，要心存感激。

人的潜能都是逼出来的，中职生也要逼自己一把。只要努力，条条大路通罗马；只要努力，有理想的地方就是天堂。中职生不能放任自己，那样的话真就把自己毁了。犹如生长中的四季豆，杂乱的藤蔓会影响它的生长和结果，这就需要顺顺它的藤蔓，使其阳光健康地成长。

如何向着阳光健康地成长？余老师通过朴素的语言，寓理于事，告诉我们中职学校的孩子们在学习上要勤读书、读好书；在生活中要学会忍耐，戒骄戒躁，不与烦恼硬纠缠；懂得在生活中学会进与退，懂得遵守学校和社会规则。余老师还说，男孩子要有男子汉的气概，要敢于挑重担；女孩子要洁身自爱，切莫花瓣乱撒等。

余老师亦师亦友亦父的谆谆教导，如春风雨露一般浇灌着孩子们的心田，这对孩子们的入学指导和人生规划都具有灯塔般的指引意义。我作为一名中职一线的德育老师也是受益良多，书中许多观点我感同身受，因此本书更应该作为中职学校老师的案头书。当下，我们职业学校倡导全员德育工作，每个老师都要具有热爱学生的精神，懂得实施有效教育的方法。孩子的成长也离不开家庭教育，此书应作为父母学习的范本，有助于了解青春期孩子的成长规律，配合学校教育，促进孩子健康、快乐地学习和成长，使其成为社会栋梁之材。

中职教育作为我国教育的一部分，其历史渊源和当下的现状，令中职学校的老师更是感到任重而道远！我们无法放弃，也不能放弃，总得有人去擦亮星星！我们为师者都要伸出手去做那个擦亮星星的人，擦亮孩子们的明天，看着他们飞向幸福树！

30. 我们拿什么铐住色狼的“咸猪手”?

近些年来，越来越多的“咸猪手”肆无忌惮地伸向女孩子，无论是光天化日还是阴暗角落，无论是不法之徒还是不良师者，这些人心里根本没有廉耻和敬畏。网络上，时常看到令人发指的新闻报道，刺激着大众的神经。农村留守女童频遭骚扰的无奈让人心痛，可恨的是，本是教书育人的学校也成了一些禽兽师者的潜伏之所。高校教授潜规则女学生已不是新闻，前些日子轰动全国的庆阳女孩跳楼案也与老师的骚扰脱不了干系！昨天又在网上看到一则新闻：云南某小学多名女生遭老师猥亵。江某已是56岁的老教师，其年龄如同孩子的爷爷，他怎么能把罪恶的手伸向幼小的孩子？江某定会受到法律的严惩，可留给孩子的可能是一辈子的阴影，谁来为孩子的痛苦买单?

因为各种历史原因和教师队伍准入的问题，一些教师的素质堪忧。有一次，一个朋友的孩子和我聊天，孩子说他们学校的那个校医叔叔是个坏蛋，假借看病的名义乱摸女生。

学校如此，社会更甚。莫说现在的社会风气，在20世纪90年代我也曾遭遇过一件事，至今历历在目。

那年我也就十几岁的年龄，坐长途车回老家。半路上来一个70多岁的老大爷，老大爷坐到我身边的位置上，主动和我说话。家长里短地聊了几句后，老大爷把他的手放到了我的膝盖上。我想可能是老大爷年龄大了，有些糊涂，把我的膝盖当作他的膝盖，所以，我也没想那么多，只是把他的手挪到他的膝盖上。不一会儿，老大爷又把他的手挪到了我的膝盖上，并且还摩挲起来！当时我就想爆发，可他那么大年纪，不能硬来，得智取。我问大爷到哪里下车，他说到某某医院，我故作惊讶地说某某医院到了啊！只见他赶紧起身，让司机停车，下去了！售票员阿姨说，某某医院还远着呢，这老头儿怎么下车了？我心想：这段路让他记一辈子吧！

面对色狼，面对不可预测的骚扰，我们女孩子应该怎么做？该如何保护好自己呢？

曾经有一个女生悄悄找到我，对我说："老师，我想跟您说件事。"我看到孩子脸上的表情是严肃的，就感觉有事。这孩子说她认识了一个网友，对方称是北京某某影视公司总监，这个总监很欣赏她的相貌和才华，让她去北京面谈！我搂住孩子稚嫩的肩膀柔声细语而又掷地有声地说："孩子，记住，天上不会掉馅饼，只会掉陷阱！你相信会有这种好事吗？""老师，我也觉得这事不可思议，所以才请教您。""孩子，这事不但不可思议，甚至是可怕的，如果你贸然去了北京，你知道意味着什么吗？""老师，我懂！我把对方拉黑。"

这个孩子的做法是正确的，知道向老师求助，避免了不可预测的事情发生。但在实际生活中，有多少孩子敢向老师或者家长求助诉说呢？有多少孩子在遭受身心的伤害呢？我们拿什么铐住色狼的"咸猪手"呢？

作为一名德育老师，我给学生讲生活安全、生命安全，尤其着重给女生讲人身安全。我对女生讲，衣着打扮不要过于暴露，不要化浓妆，不要单独和异性在一起，不要夜不归宿，不要在外饮酒，不要单独外出，面对一些不良之徒要远离，面对异性的关心要保持一份警惕，面对一些骚扰要智取，面对性侵要敢于说不！

这些做法，从某种意义和程度上说，可以让孩子们避免一些伤害。但从根本上说，我想，应该是家庭、学校、社会共同为孩子们筑起一道围墙，保护我们的孩子，对于那些试图翻墙者或者已经翻墙者，法律的手铐是最后的震慑与保障。

31. 我们的教育缺了一门恋爱课

我们的教育从小学到大学，课程的开设不可谓不多，这些课程竭尽所能地把我们的学生培养成知识的全能，或者说打造成一个个知识的容器。纵观我们的学校教育课程设置，唯独少了一门恋爱课。当我写下这个文章标题时，可能会引起一些读者的不适。有的人说，当下青少年恋爱问题已十分严重，倘若再开一门恋爱课，岂不是助纣为虐？作为一名教师，我恰恰认为开设一门恋爱课已迫在眉睫。

近来身边发生的一些案例令人担忧。前些日子和一位校长聊天，该校长无奈地说他们学校一个七年级的女生怀孕了！问我怎么处理？我听了十分震惊，七年级的孩子才多大？更有甚者，有的女生把孩子生到了寝室里，还有的把孩子生到了厕所里……

曾经或者一段时间，我们对青少年恋爱，确切地说是早恋，都是采取遮掩、回避的态度。我们一贯的态度就是：早恋不对，是百害而无一利的，要把这个罪恶的苗头掐死在萌芽状态！尤其是一些老师，看到学生早恋，比学生还恐慌，怕影响了学习成绩，怕学生出了问题……老师往往会采取生硬的方法：强行制止、叫家长或者劝退。这些做法，往往起不到积极作用，甚至还会收到相反的效果。对于处在早恋中的青少年学生，我们不能一盆冷水泼下去，应让其先冷静下来才是上策。所以说，对待学生早恋问题，首先是尊重，然后是帮扶。

进入青春期的少男少女，犹如春天的庄稼，处于萌芽时期，这是生理规律，谁也阻挡不了。生理的变化带动心理的成长，“哪个少女不怀春，哪个少男不钟情”。顾盼的眼神里有了异性的身影，这种青春期的情感萌动是美好而幸福的。但因为这种感情是被制止的，所以孩子们又都是惶恐不安的。有时候，越是我们反对、掩盖的事情，孩子们越是好奇，因此，我们常常可以看到夜幕下的操场上那些影影绰绰而又紧张不安的小身影……

如何引导学生正确对待青春期的情感问题是我们的教育需要面对的问题。捂着、盖着、按着是老师的初衷，当今的社会发展已经把伦理道德的遮羞布撕碎，君不见影视作品、媒体广告、无良文学作品中那些赤裸裸的性与情严重地冲击着青少年稚嫩的心灵，连幼儿园的小朋友都知道亲亲是爱，更别说青春期躁动的少年。一日，一对着学生装的小情侣在我身边旁若无人地亲吻，羞得我犹如一个偷窥者一样不自在。在我任教的每一个班级里，我都会给学生讲到中学生恋爱的问题。我对学生讲，青春期的情感萌动是正常而美好的，它是人生感情成长的幼苗，我们应该把它种在内心深处悄悄呵护，而不是任意由它滋长，发乎情止乎礼是青春期最美好的情感状态。

前几天，我在幼教班给六七十名女生上了一堂恋爱课，我告诫学生："要把青春期美好的情感悄悄地珍藏在心底，因为在人生路上，你走得越远，遇到的人越优秀。"但据我所知，在一些职业学校，尤其是县级职业学校，有相当一部分学生来自农村，而农村一些早婚的习俗依然存在，有些学生在上学期间就定了亲。当学生面对这些复杂的情况时，就更需要老师的正确引导。

恋爱就是种庄稼，春天播种，夏天施肥，秋天收获。我们不能把春天的种子藏起来，试图到秋天直接收获；也不能让种子在春天放任生长，等不到秋天的收获。

因此，我们的教育需要开设一门恋爱课，这门课关系到学生身心发展的方方面面，是学生健康成长的坚实保障。但是，这种愿景一时恐难实现，那么就要求我们学校和老师担负起这个责任，尤其是班主任老师以及德育老师，要定期给学生开设有关这方面的校本教学内容，或以班会的形式，或以课程的形式，结合学生的身心发展，结合社会现象和社会现实，让学生树立正确的恋爱观，为学生一生的幸福打下基础，这是我们为师者的责任！

32. 教育，有时候就是坚守

——我的 2017 级 13 班

2017 级 12 班和 13 班是我任教的两个计算机班，这两个班是升学部的重点班。虽然是升学部的重点班，但不可否认的是，有一部分学生的学习成绩和态度令人担忧，只是大家顶着升学部的帽子自我安慰。鉴于这种情况，学校决定对这两个班进行分班教学，成绩优异的学生到 12 班学习，将来考大学；成绩差的学生去企业订单班学习，学习一段时间再去企业顶岗实习。这原本是一件好事，可孩子们不理解，自从听闻此事后，学生们人心惶惶，无心学习，我的教学工作也受到了很大的影响。

我心里有些忐忑，我希望我的每个学生都好好的，可这一天还是来了。那天，我坐在办公室，扭头看到教学楼 3 楼我的两个班的学生在搬桌凳，我便明白了 12 班和 13 班的学生在分班，不一会儿又看到有女生躲在墙角哭泣。

我的心里有些隐隐的难过，有种说不出的滋味。我放下工作，来到了班里，先到被分到企业订单班的 13 班。老师正在给学生们进行思想教育，我一言不发地听了一会儿，孩子们都呆呆地坐着，仿佛被宣判了刑期一样。我心情复杂地转身到了被整合成升学班的 12 班。新的 12 班瞬间整齐了，孩子们端正、严肃地坐着，一副即将考大学的模样，很是令人感动。此情此景，真是有人欢喜有人忧，而我却高兴不起来。

中午放学，在校门口碰到刘老师，刘老师这一学期担任 13 班的班主任，我们一起探讨了关于 13 班的管理问题。感恩和刘老师一起共事，我们的教育理念是一致的：一切为了学生，只要孩子在学校一天，我们就要负责任一天！

重组的 13 班，学生心情低落，死气沉沉，似乎是被抛弃的怨妇，破罐子破摔，彻底放弃了学习！曾经让我十分享受的原 13 班的课堂就像破碎的肥皂泡一样消失得无影无踪了。看着孩子们这种状态，我忧心忡忡，今天，我忍不住发火了，这也是我第一次和学生急。

“同学们，难道说我们上了这个订单班就没有前途了吗？难道我们的生活就无趣了吗？难道我们要就此堕落下去了吗？难道说学习一门技术不是件好事吗？无论能否上大学，我们将来都要就业，都是要养活自己的，能养活自己不是我们将来就业的主要目的吗？非要头顶着升学班的虚名欺骗自己吗？无论你们是哪个班的学生，你们都是我的学生，王老师都一样爱你们，就像自己的孩子一样！无论你们将来走的是怎样的人生道路，永远记住一点：做好自己，做最好的自己才是正道！”

我十分激动，学生们都低着头不说话。我的心情很沉重，我知道，孩子们已放弃自己，而我却不能放弃他们！

教育不是万能的，面对这种无力的局面，我也有一种无力的痛苦，但我依然坚持再坚持，我告诉自己，永远不要放弃学生！

有网友曾经好奇地问我：“王老师，你笔下的学生为啥都那么可爱？而我的学生总是气得我晕头转向。”我笔下的学生是可爱的，包括我13班的学生也是可爱的，但教育不是永远的风花雪月，还有雷雨交加的无奈，我们要做的是努力过好每天的教育生活。教育，有时候就是坚守！

33. 我的学生，我的爱与哀愁

2017级13班的孩子们已经彻底放弃了自己！纵使我苦口婆心地讲似乎已经无济于事了。晚自习全班46人，竟无一人学习，说话、发呆、偷偷玩手机、睡觉……我看在眼里急在心里，竟忍不住发了一通火。教室里立刻安静了，但孩子们依然不学习，还学习什么啊？还能学得下去吗？

一种无法言说的痛苦梗在我的心里，让人难以呼吸。

下了晚自习，我习惯性地又到其他班看看。赵老师悄悄把我叫到一边难过地告诉我，丽丽（化名）同学又出问题了！这孩子很可能是抑郁症！我心里一怔，丽丽同学十分优秀，我和赵老师都非常爱惜她，喜欢她。

我能理解丽丽目前的精神状态，因为我也曾经历过这种状态。丽丽的抑郁就是对自己的期望太高而导致的。我想我得找个合适的机会和丽丽聊聊。

这天早上，我早早来到学校，前一天我的心情一直不好，除了学生的事，还有一些别的事。比如河南南阳金小贝老师辞职一事，金小贝老师19年教龄还是初级教师职称，薪资难以养家，故而辞职；还有这几天关于评职称的事，我原以为自己可以清高得放下一切，原来在自己内心深处还没有放下。备课、写作、上课、学生、俗务一时间全都涌来，突然感觉好累，甚而烦闷。

我知道，不能让这种情绪一直左右自己。何以解忧？唯有学生，还是我的学生。

早晨，站在校园里，听听学生们的问好声，看看学生们可爱的笑脸，用手机拍下孩子们青春的身影，欣赏一下校园里还倔强地生长着的花草……这一切让我的内心逐渐平静下来。

早读，我依然把主要精力放在13班，我对学生说："孩子们，我以后不吵你们了，我们还像以前一样，好好地在一起好不好？""好！""那，我们一起读语文书，我们来背诵后面的古诗词。"

我和大家一起背诵柳永的《雨霖铃》，苏轼的《水调歌头（明月几时有）》《念奴娇·赤壁怀古》，白居易的《琵琶行》。学生们背诵得都挺好，尤其是李婷这个淘气的女生，她背得最好。

上午第二节课大课间，我来到操场上看学生们跑操，和班主任老师聊聊天，拿出手机拍下学生们欢快的样子，心情逐渐好了起来。

第三节去2018级11班上课，班里的一个孩子看见我说："老师，我一心盼着上您的课，一想到上您的课我就激动得睡不着觉！""哦，有那么厉害啊!”我笑着说。

一节课不知不觉讲完了，第一排那个小男生说：“老师，听您的课真好啊！不知不觉就下课了!”

下了第四节课，和放学回家的学生一起走在校园里，身边三个我不认识的女生高高兴兴地走着。其中一个女生说另一个女生：“看你天天很高兴，睁眼就笑，有啥好笑的。”被说的女生仍呵呵地笑。我忍不住插嘴说：“笑好啊，睁眼就笑说明快乐啊！快乐多好啊，我们每天都要开开心心的!”三个女生大笑：“老师，您快乐吗?”“我当然快乐啊，我一看见你们就开心啊！那首歌怎么唱的：‘我一见你就笑，你那翩翩风采太美妙，跟你在一起，永远没烦恼……’”孩子们看着我笑，我也看着她们笑。

我从学生身上重新又找到了自己！内心又恢复了快乐和平静。

我亲爱的学生，你们是我的爱与哀愁，老师多么希望我们大家都只有爱，没有哀愁啊!

34. 孩子，我拿什么拯救你

所谓的悲剧就是把美好的事物打碎给你看。我最优秀的学生，我最可爱的学生，我的丽丽同学病了，据说是抑郁症。

丽丽的病牵动着我和班主任赵老师的心。中午，我和赵老师商议去医院看望丽丽同学，我和赵老师一致认为这孩子是自我压力太大而导致的焦虑，可能是家长把问题扩大化了。我们决定，到医院去开导一下丽丽和丽丽的妈妈，尽快让丽丽回校上课，这孩子太优秀了，我们不能不管。

到了医院，一个憔悴的中年女子出来迎接我们，赵老师说这是丽丽的妈妈。我看着这个朴实、高大的女人佝偻着背走在我们前面，我眼前浮现出丽丽那青春洋溢的笑脸，怎么也无法把这娘俩联系在一起。

到了病房，丽丽正斜躺在床上睡觉，犹如一个婴儿，我想起和这个孩子之间的美好，忍不住抚摸了一下她。

丽丽醒了，睁开眼睛问："你们是谁？你们来干吗？"我心中一惊："丽丽，你不认识我了？丽丽！"丽丽站起来："你是王旭霞，旭霞姐姐！"我当时就蒙了，这孩子是一个非常有礼貌的孩子，今天竟然直呼我的名字。然而面对赵老师，她的班主任，她仿佛不认识了。赵老师像哄小孩子一样："丽丽，我是赵老师啊，你们的赵大娘啊！"丽丽也不理她的赵大娘，拉着我的手就要出去走走。我拉着丽丽的手走出了病房，我想这孩子在病房太憋闷了，应该出去透透气，我们四个人走到病房后面的小广场上。

到了广场，丽丽抱着我说："老师，您能不能给我买部华为手机？咱俩现在买手机去！""丽丽，学校不让学生带手机，你是知道的！"我的话音刚落，丽丽大怒，把我的包抢过去，开始翻我的包，把背包里几十元零钱悉数拿走了，然后拖着我往医院大门口走去。

眼看着到了医院门口，我已经明显地控制不了比我高半头的丽丽了！我使劲地抱着她，安抚她，丽丽恶狠狠地看着我说："王旭霞，信不信我打你！"这种眼神让我不寒而栗，这和平时那个笑眯眯的、可爱的丽丽判若两人！我仍紧紧地抱着她："丽丽，你今天就是打死老师，老师也不撒手！"这时，丽丽的妈妈和赵老师赶过来了，把丽丽哄到了病房楼上。

我们去找医生询问一些问题，丽丽却诘问那个男医生，甚至推搡他，医生也不耐烦了："赶紧把她弄走！"

到了病房里，丽丽依然亢奋不已："旭霞姐姐，媒婆来了没？我要给你介绍一个老公，你那个老公不好看，我给你找个 80 岁的老头吧？"我闻言哭笑不得，我像哄孩子一样哄着她。不一会儿，丽丽把方便面调料倒入手里舔着吃，还把方便面递给我们吃。她极度亢奋，把方便面撒了一地。

医生来了，要给她打镇静剂，还好，丽丽比较配合，打了针。

折腾了一下午，我和赵老师要回去了。赵老师接了个电话先出去了，丽丽妈妈让我再待一会儿，她去买饭。病房里就剩我和丽丽了，那短短的十几分钟我竟感觉度日如年。丽丽和我撒泼，无理取闹。我痛心地说："丽丽，你到底怎么了？这还是你吗？你到底要怎样？"瞬间丽丽安静了，我似乎看到了学校里那个可爱的丽丽。正当我心中有一丝安慰时，丽丽突然起身，恼了："王旭霞，信不信我会打你！"这一刻，我的心沉到了无底深渊，我知道那个最让我喜欢且品学兼优的丽丽真的病了，那一刻泪水在我的眼眶里打转！

回来的路上，我很难过，这么优秀的孩子怎么会突然变成这样？赵老师说丽丽原来在某重点高中上学，中间不知道受了什么刺激，就抑郁了。来到我们学校一直很正常，只是这几天没有服药，所以病又犯了。

我担心丽丽这一病还能否正常上学，甚至能否正常生活？想着这个孩子的状态，我心如刀割！

行文至此，我的心情一直沉浸在悲伤之中，而这种悲伤我却无能为力。

我的眼睛里为什么含着泪水？因为我爱你爱得深沉！

35. 我不该当教师，我该去当演员

——写给学生们的诗

每到周末，坐在电脑前，沉浸在文字中时，我的思绪里全是和学生在一起的点点滴滴。当我把这种思绪化作文字时，亦有朋友质疑我的矫情，可我常常无法抑制这种矫情，因为有时这种矫情还含着泪；因为这种矫情时常提醒我，我是一名教师，有幸福、有疲倦，更有责任和担当；因为这种矫情，我深爱着我的学生……

有时，我想我不该当教师，应该去当演员，当一个多愁善感的女演员，

让我的感情得以释放。

教师，从事的是人与人之间的工作，人与人之间的工作，怎么会没有感情的加入？

教育，有时候就是坚守吧！

我和孩子们演绎着我们之间的悲欢离合，我用我的笔写下这校园里的点点滴滴。

我 13 班的学生就要奔赴厦门某集团公司实习了。折腾了半学期，似乎一切都尘埃落定，可当这一天到来时，许多学生还是无法接受，班级微信群里充满了一触即发的紧张情绪，甚至我都不敢在群里说话。

今天去 12 班上课，路过 13 班教室，看着空无一人且凌乱的教室，想起曾经的幸福和美好，感慨万千。在此赋诗一首，表达我对孩子们的情感。

写给你们的诗

我知道
这个世界上有一种爱
我只能埋藏在心间
因为
说出会是一种伤害

路过昔日的窗前
伤感萦绕在我的心田
曾经走进过你们的生活
却无法排解你们的不安

多少个不眠的夜里
思绪翩跹
为师难言

人生总会有分离
分离是为了更好的遇见
青春的羽翼
本应在广阔的蓝天
展翅翱翔
书写青春的无憾

诗的表达并非诗意的生活，我的孩子们还是要离我远去。独自在校园里彳亍，2018 级 11 班的几个帅哥站在办公室门口，孩子们不知道我心中的忧伤，他们对我说：“老师，我们好喜欢您！”我也温柔地说：“孩子们，我也喜欢你们！”

办公楼大厅前，一个女生边跑边笑着向我频频飞吻，我也回她个飞吻。

我百感交集地来到办公楼前，送13班的孩子们上车，临走之前再看他们一眼。晓丽扑到我怀里泪如泉涌，我抱着她，安慰她、鼓励她。看到秋晨，我轻轻地问了一句：“秋晨，东西都准备好了吗？”秋晨瞬间泪奔：“老师，您说话和我妈妈一样！”

我的心里五味杂陈，加之雾霾，感冒难受，身体的难受和伤感化作我笔下的无奈。

活　着

在这个雾霾深沉的冬日里
我的健康已被霾葬
可我还是坚强地活着
艰难地呼吸
支撑我活着的
是孩子们的爱意

帅哥们围绕过来
老师，我们爱您
美女飞奔而去
飞吻频频致意
还有那分离的拥抱
带着你的泪滴

这一切
是一份沉甸甸的欢喜
是一份沉甸甸的希冀
这希冀在我们彼此的行程里

后记：这是一篇很随性的文章，可能与我此刻凌乱的心绪有关。这两天，我重感冒，昏睡中打开手机，关注着13班班级群里孩子们的行程和思想变化，看到他们一切安好，方才放下心来。

又矫情一回——教育生活，本身也是酸甜苦辣的生活，在这种生活中，师生都扮演着各自的角色，而我是那个尤其多情的演员。

36. 女孩子的眼泪

在教育工作中，我们不可避免地会遇到女学生的教育问题，因其特殊的生理和心理因素，教师就需要运用一些教育方法和智慧。本文记录了我和女学生之间发生的几个小故事。

一天下午6点多快7点时，办公室就剩我和张老师了，我坐在电脑前写东西，两个女生站在班主任张老师身边。

我起身去卫生间回来，这两个女生还在办公室，其中一个还蹲在地上哭。我走到她身边关切地问："宝贝，怎么了？起来跟王老师说说？"说着就伸手把她拉了起来。这时候张老师说："起来，你给王老师说说怎么办？"

我让这个女生坐在我旁边的凳子上，她的眼泪吧嗒吧嗒地往下掉，我赶紧拿纸巾给她，边擦边说："呦，什么事这么委屈？跟老师说说？""老师，我不想住校，我爸爸妈妈非要我住！""为什么不想住呢？说说原因，学校不好吗？""不是，反正就不想住！""是不是学校没家里舒服啊？在家方便一些，老师理解，但是，学校生活是我们人生经历的一部分，也是锻炼我们生活自理能力的一次机会，还有与同学一起相处的快乐。也许住校让你有些不适，主要是你现在还不适应住校生活，适应了就好了……"我接着给她讲了我大学时代住校时的故事，也讲了我女儿独自去深圳上大学的事。她停止了哭泣，我拨开粘在她脸上的头发，从包里拿出仅剩的一块月饼塞她手里，拍拍她的肩膀说："回去吃饭吧，没啥大事，好好住校，有啥事可以来和王老师说，咱们一起解决，好吗？"

这个女生接过我的月饼，说了声"谢谢"，和班主任张老师道别，回班去了。

在教育教学生活中，有时不知道会遇到什么样的情况，尤其是女生的情绪问题，可能只是一件普通的小事，也会给孩子造成很大的压力，比如学生住校问题、考试问题等。

一天下午下了课，刚到教学楼下，看到一个女生抹着眼泪从我身边走过，我立刻走上前搂住她的肩膀，关切地询问她。这孩子一直说没事，没事，眼泪却像断线的珠子滚落下来。

看着她伤心的样子，我一时也没办法了，只好转移她的注意力，领着她去餐厅吃饭。到了餐厅，这孩子说话了："老师，我真没事，您回去吧！"我温柔地说："你不告诉我原因，我怎么能够放心地走呢？""老师，我真没事，就是周五要月考了，我害怕！"我闻言笑了："孩子，我还以为你和同学闹别扭了呢！考试不用怕，无论你考得好与不好，你都是老师的好孩子，我都会一样的喜欢你！"这时孩子笑了。

女孩子的情绪往往是来得快，去得也快。一天课前，我早早来到教室准备上课，看到一个女生趴在课桌上抽抽搭搭地哭，旁边还有两个女生在安慰。我俯下身，搂住她的肩头说："宝贝，王老师小时候也爱哭，但不能一直哭，哭会儿释放一下就好。"可这个孩子还在抽泣，我轻声问："老师能上课吗？"她点点头，当我讲到有趣的地方时，大家笑，她也笑了。下课后，她已经完全没事了。

青春期的女孩子有点情绪，流眼泪是很正常的，一般也不是特别严重的事情，我们只须用蜻蜓点水的关爱方式去化解即可。可有些问题，是需要老师给予心理或生活上的帮助的。

在一次课堂上，我和孩子们谈到有关幸福的话题，有个女孩落泪了，瞬间我的心犹如针扎一般。下了课，我拉起她冰凉的小手走出教室外，孩子讲起她成长中遇到的痛苦和迷茫，这让我想起了我的少年时代。我也把自己少年时成长中的痛苦和迷茫讲给她听，我告诉她自己现在很幸福，只要努力，我们都可以活成自己想要的样子。她破涕为笑，高兴地进了教室。

作为一个眼睛里装满了学生的老师来说，我总是身不由己地关注着身边的学生，在关注的同时也给予孩子们一些帮助。

一天下午，我走到办公楼大厅，看到两个女生站在班主任赵老师面前，其中一个女生在抹眼泪。我走过去，抱住她的肩膀，凑上前看了她一眼，她居然笑了，而后眼泪又流下来了。我问她怎么了？这孩子说身上难受，要请假回家。我告诉赵老师这事我来处理。我依然搂着这个娇小的女生悄声问："是不是来例假了？"这孩子眼泪又下来了："老师，我痛经。""有药吗？"我问。孩子说："药没带，在家呢！"我温柔地说："孩子，能忍一会儿吗？我去给你买药，上晚自习时给你拿来。"晚自习，我去给她送药，她看见我高兴极了，丝毫看不到身上难受的样子。

女孩子痛经有生理因素也有心理因素，如果她的身心放松了，愉悦了，症状就会减轻甚至会消失的。

所以说，不管女孩子是心理上的问题还是生理上的问题，都需要我们为师者用爱的方式去解决。爱，可以让女孩子的眼泪化作如花的笑容。

37. 教育，润物无声

（一）

教育不是轰轰烈烈的运动，是润物无声的生活。美国教育家杜威提出："教育即生活。"陶行知先生提出："生活即教育。"可见，教育和生活之间有着相辅相成的密切关系。这种密切关系也是师生之间的关系，所有的教育活动都在教育生活中发生。

我的教育，在我和学生的教育教学中悄悄地发生着，这种教育的发生是润物无声的教育滋润。

走在校园里，对面过来两个学生，互相撕扯着、打闹着玩，矮个子的学生扯着高个子的衣服不撒手。我走过去说：“同学，你把他的衣服扯烂了谁缝呢？快撒手。”两个学生都蒙了，莫名其妙地看着我这个陌生的老师，但矮个子的学生还是把手放开了。我笑着给他竖起了大拇指，两个孩子一脸迷茫地笑着走了。

办公楼前，一男一女两个学生拉着手走过来，面对这种情况，我常用我特有的王氏幽默的方法来解决。我调侃地说：“哎哟，宝贝，同学友情挺好的。”那个男生模样的学生说：“老师，我是女生！”说完她俩都笑了。我也笑着说：“哎哟，对不起宝贝，我把你看成男生了。不过你确实像男生哦，这么漂亮的模样为啥打扮成男生的样子呢？把头发留长，做个美女吧！”

教育，就是一种润物无声的关爱，教育的实施也是一门艺术。

（二）

要想让我们的学生成为什么样的人，我们就得在学生心中种下什么样的种子。这就是说，教师有时要像农夫一样，种豆才能得豆，种瓜才能得瓜。我给我的学生种下两个字：你好！无论和学生认识与否，我都会主动问好。

特别是对那些性格内向的学生，无论是在课堂上还是在校园里，我都会不厌其烦地、笑呵呵地向他们主动问好。

如今我已经开始收获了，走到校园里全是学生问好的声音，我也忙着回应：你好！你好！你好……

这每天说不完的你好，虽然累得我舌尖发麻，却很欣慰。我享受师生之间的这种快乐，有时候学生会突然给我敬礼并问好，我也会回礼并问好，同时我们会心一笑。

（三）

教育生活中，我们总会出其不意地遇到一些小插曲，这些插曲就是生动的教育故事。

我曾经对学生说过，我们表达师生之间的感情，对于女学生，我可以拥抱；对于男生，我只握手，但这天晚上我“破戒”了。

晚自习，露露同学哭了，想念半年未见面的妈妈了。我把她搂在怀里安慰她。旁边的晗晗同学（男生）说：“老师，我后悔妈妈没有把我生成女孩，如果我是女孩，您也可以抱抱我了！”看着晗晗那期待和无奈的眼神，想到这个孩子常跑到办公室接我上课，一种莫名的感动涌上心头，无论男生女生，他们都是孩子啊！此时此刻，我给了这个孩子一个拥抱。结果，又有男生要求抱抱，于是我和孩子们开启了握手仪式，一边握手一边和学生们道晚安。

新贵同学则说：“老师，您直视着我。”他在离我只有20厘米的距离凝视着我，我也凝视着他。这时，他突然往我面前一趴并且大叫一声！吓我一跳，他则开心地大笑，这调皮孩子！

他的调皮恰恰是对我的信任，一个学生信任一个老师，这也是教育的甜蜜果实。

佳康同学非要把他的文竹送给我，因为我夸他的文竹养得好，我拒绝了他。这孩子已经送我两盆多肉了，我不能再要他的花了，但佳康坚持要送给我，我告诉他：“老师更喜欢在班里看到这盆花。”佳康笑着说：“好吧，老师，您赢了，哈哈。”

常有学生送一些小东西表达他们对我的感情，作为教师，我们要智慧地拒绝，这也是教育。

（四）

这天课堂上发生了一个小插曲，我在上课，琪琪同学在照镜子，教室外巡视的领导发现了，把琪琪的镜子没收了。不一会儿，琪琪同学居然拿出一张光盘当镜子照，对着光盘陶醉地欣赏自己。面对这种情况，我不急不躁，也没批评她，而是笑着现场吟诗一首，美其名曰：课堂偶吟。

课堂偶吟

虽然
我们的王老师在声情并茂地讲课
可我还是忍不住美的诱惑
我拿起小镜子
对镜雕琢
突然
窗外领导的身影掠过
我的小镜子变成了没收的失落
可是
谁能阻挡我对美的执着
我拿出一张光盘
将我青春的面庞映照得
影影绰绰
这朦胧的美啊
是青春的魅惑
管它什么课堂
我只要这镜中的我
……

当我即兴吟完此诗，教室里响起掌声，琪琪说："老师，我好好听课。"

对于学生的教育，我们不必生硬无趣，生硬无趣不会有好的效果，活泼一些，生动一些，效果会更好。

（五）

早读时，大家都在读书，小盼同学却在发呆，我没有提醒或批评她，而是含情脉脉地看着她说："宝贝，我爱你！"小盼同学嘿嘿一笑说："老师，我也爱您。"说完小盼就拿出书读起来。前面的小雪同学听到了，瞬间哈哈大笑。我又扭头对小雪说："宝贝，我也爱您！"小雪羞涩地笑着说："老师，我也爱您。""爱我就好好读书吧！"两人大笑，开始读书了。

大课间时间，我碰到我的一个班的学生在校园排队准备去上体育课，梦瑶看着我手中的杯子说："老师，我好渴！"我赶紧把杯子递给她，这孩子真渴了，端起杯子咕咚咕咚地喝起来。我说："宝贝，给我留一口啊，我还有一节课呢。"梦瑶把杯子递给我又撒娇地说了一句："老师，您不会嫌我脏吧？"我没有回答，拿过杯子喝了一口，她开心地笑了。

（六）

学高为师，身正为范。在教育生活中，教师要以身垂范，榜样是最好的教育。

上课前，学生们悄悄地给了我几颗红枣，我愉快地吃了，然后我把枣核用卫生纸包住放到自己的棉袄兜里。学生们惊诧地看着我。我告诉他们，爱护环境，讲究卫生，从自己做起。

走到校园里，走在操场上，看到垃圾我总要捡起来，有的学生看见了就和我一起捡垃圾，这是榜样的力量。

晚自习坐班，我总是和学生一起学习，有时我会调皮地对他们说："不要影响我学习哦。"孩子们怎么好意思影响我学习，老师坐在讲台上学习，他们怎么好意思不学习呢？

教育就是润物无声的浸润，教育就是生命的相互影响，教育就是一种力量的推动。

38. 学生　老师　手机

手机问题一直是学校管理的一个大问题。学校想尽一切办法制止学生带手机，学生想尽一切办法和学校、老师斗智斗勇，在二者的斗争中，矛盾就产生了。

我不主张学生带手机上学，但具体问题具体分析，对于那些需要住校的学生，为了家校联系方便，手机还是可以带的。我更不主张采取简单粗暴的方法没收学生的手机。其实，手机问题也是师生关系的一个问题，处理好了没问题，处理不好出问题。

在我的教学生活中，就发生了一件至今都让我心有余悸的“手机事件”。

那是某天的一个晚自习，学生们都安安静静地学习，我也坐在讲台上看书。不知何时，某值班老师突然出现在我的面前，手里拿着一部手机在我眼前晃了一下，我看书看得眼睛昏花，无意中看到手机上模模糊糊两个字：伤害！瞬间我明白了，该老师悄悄从后门进来，没收了一部手机，而该手机主人的聊天内容显示了她聊天的秘密——青春的秘密。

值班老师拿着手机走了。他刚走没几秒钟，只见李倩（化名）同学霍地站了起来，气冲冲地往教室外冲去！我也本能地紧跟着出去，试图拦住她。李倩同学噔噔噔往楼下跑，我赶紧追，边跑边命令她停下：“李倩，你站住，有什么事跟我说！”

李倩站住了，我拉着她的手来到走廊。她歇斯底里地哭着说：“他可以没收我的手机，为什么偷看我的聊天内容？为什么侵犯我的隐私！我现在就去要我的手机，明天就回家，这学我不上了！”我心里咯噔一下，这孩子上学期就想辍学，我和班主任老师费了很大劲才让她打消了念头，这手机事件无疑又刺激了她脆弱的神经。李倩说完突然又朝楼下跑去。

“李倩！我在乎的不是你的隐私，我在乎的是你！”我冲着李倩大声喊。李倩怔住了。我下去拉着她的手来到走廊上，情不自禁地把她搂到怀里。我的眼睛湿润了：“李倩，你知道吗？老师最怕你们辍学啊！老师不想让任何一个学生辍学。老师无意中侵犯了你的隐私，我代表我本人以及值班老师向你道歉。但是，孩子，你得知道，首先你违反了校规，手机不让带进教室，而且你还在自习课上玩手机。至于你的隐私，这些青春的小秘密，老师理解，但不支持你现在就谈恋爱，人生的路还很长，现在应该把精力用在学习上，只有你优秀了才能遇到更优秀的人……”

我推心置腹地和李倩聊了一节课时间，李倩的声音渐渐地柔和下来：“老师，我错了，我不该玩手机，我以后好好学习，听您的话！”我轻轻地拍着她的后背说：“老师相信你！”

一场暴风雨过去了，恰是这场暴风雨成为李倩同学整个精神状态的一个转折点。以前，这个孩子总是一副无所谓的样子，对一切都是不屑一顾的态度，这种状态和她那漂亮的外表极不符。她的这种状态我看在眼里，急在心里，这次手机事件无意中成为一个教育契机。李倩同学变了，变得斯文端庄，乐于助人，并且知道学习了，这是我万万没有想到的！

有时候我在想，如果那天晚上我不能很好地处理这件事，任其发展，后果不堪设想。

在我的课堂上，也偶有学生偷偷玩手机，我会要求学生先把手机给我，放在讲台上，下课后归还。我和我的学生调侃："同学们，王老师的课讲得不好吗？"学生高呼："好！""王老师长得不漂亮吗？"学生高呼："漂亮！"我继续说："那为什么不好好听课？不好好看我？还要看手机呢！"学生大笑。

在教育生活中，我也遇到过学生因为手机和老师闹僵的局面。一次下课后回到办公室，看到一个学生正在和办公室李老师僵持着。原来这个孩子上课玩手机，被李老师没收了，追到办公室来要手机。李老师不给他，可这孩子执意要手机卡！他摇晃着身子："我就要我的手机卡！我的手机卡很重要！不给我我就不上学了！"他的执拗和威胁的口气让李老师很恼火，李老师坚决不给他，这孩子气呼呼地攥紧了拳头，气氛十分紧张。

我站起来对这个学生说："宝贝，过来老师和你说几句话。如果你是我的儿子，就这样和老师说话，你认为我会怎么办？"他不假思索地说："照他脸上扇两巴掌！"他自己说完就笑了，和他一起来的那两个学生也笑了。"对啊，你也知道自己做得不对，那么这个手机卡对你有多重要呢？我想不外乎里面有你的小秘密而已。你们那些小秘密对老师来说根本不是秘密，我们也不会看你的秘密，并且会保护你们的隐私。回去休息几天，好好吃好好睡，少玩手机，多长长个儿。"我说完，他也笑了，李老师也答应下个星期根据他的表现归还他手机。

临走，这个孩子对我说："老师，谢谢您！"

后来，我又在校园里遇到这个学生，我夸赞他不玩手机后人精神多了。

不久，我第三次在校园里遇到这个学生，他的阳光和礼貌让我欣慰，这个学生的变化和李倩同学的变化一样令人欣喜。

手机问题处理好了，会成为良好的教育契机，反之则会成为教育的伤害。

手机作为现代生活的一种工具，不但绑架了学生，其实也绑架了我们成人。当我们制止学生玩手机时，我们教师是否换位思考过，自己是否起到了榜样的作用？

我白天忙于教学，晚自习坐班的时候，特别想把白天的教学生活和教育感悟用手机记下来。我会征求学生的意见以及告知学生我要用手机写文章了。我对学生说，手机是我学习的工具，我没时间玩手机的。有时，我也会把写下的教育感悟和学生们分享，孩子们都非常理解和支持，同时也给学生树立了正确使用手机的榜样。

39. 教学日记

每天沉浸在充实而快乐的学校生活中，记录下与学生在一起的点滴，生活即教育，我深以为然。

教学日记之一

我始终相信，老师对学生的爱就如同播下的种子，也许某一天就发芽了。

学校门口有家小餐馆，我时常在那里吃饭，也时常碰到学生在那里吃饭，每每碰到学生，我总是悄悄给他们买单。

今天又碰到高三的三个学生，这三个孩子高二时我曾经教过他们一个月，虽然是短短的一个月，但我们之间也建立了深厚的师生感情，看见他们，我的心里也是亲切和欢喜的。

我悄悄地走到收银台，用手向老板比画着要买单，并且小声告诉老板再给每个学生加一个肉夹馍。老板娘心领神会，老板却出声说："老师，我也去你们学校上学，我也要当你的学生。你总是给学生买单，你的工资够花不?"

老板的声音惊到了学生，孩子们拉扯着不让我买单，但他们怎么能拗得过我。

买过单后，我和孩子们说："高三生活只剩下半年时间了，这是人生很关键的半年，孩子们努力拼一把!"三个学生点头称是。

后记：第二天，办公室常老师问我是不是给他们班的三个学生做思想工作了？有个家长打电话表示感谢，说孩子回家后主动复习功课，令人感动。孩子说他们的政治老师鼓励他们了。我笑着告诉常老师，我只是给他们买了一个单而已。

生活即教育，抓住教育的契机可以起到四两拨千斤的教育效果。

教学日记之二

下午下了第三节课，我不由自主地朝学生餐厅走去，准备去新开的地下餐厅看看，吃了饭到办公室加班写教学日记，这几天忙得连写日记的时间都没有了。

到了地下餐厅，与学生共进晚餐，边吃边和学生聊天，且不停地左顾右盼看看学生们都吃的是什么。我不是来吃饭的，是来看学生们吃饭的。

扭头看见一个陌生的学生在吃盖浇饭，我问他好吃吗？他说好吃，就是太辣了。我悄悄去买了一碗小米粥放在他的面前。

从餐厅出来时，一个陌生的女生看我，我就给她抛了个媚眼，这孩子先是一愣，随后她也笑了。

走到楼梯上，一个女生说脏话，我告诉她，漂亮的小嘴要说漂亮的语言。她也不好意思地笑了。

一路回办公室一路都是学生问好的声音，我的心里是满满的幸福，这是我与学生在一起的快乐和幸福。

教学日记之三

下午第一节课在2017级14班上课，我照例早早来到了教室，站在讲台上准备上课。我打开课件，等待上课铃的响起。在这间隙我笑眯眯地看着80多个小美女如花的面容，目光所至，不时抛过去一个温柔而调皮的眼神。

这时，小梦进来了，只见她羞涩地低着头往教室走，原来小梦化妆了！我故作惊讶地跟在她身后假装偷看她，全班同学大笑。我看着小梦的样子，这青春洋溢的美让我也心动，我忍不住赞美了她几句，而后给美女们讲了讲关于学生化妆方面的一些问题。我告诉孩子们，女孩子把自己打扮漂亮是应该的，但要记住化妆的最高境界是让别人看不出你化妆，这样的美最自然。

我一边讲一边在教室里转悠，看到小丽在看杂志，上面有个帅哥：宋仲基。我故意装作不知，问她这人是谁？小丽一脸幸福地说："老师，他是国民老公！"我吃惊地问："国民老公不是王思聪吗？"小丽嗔曰："老师，王思聪是中国的国民老公，宋仲基是韩国的国民老公。"我又故做醒悟状地说："哦，原来如此，我只知道苏霍姆林斯基，不知道这个宋仲基。孩子们，你们学幼教专业应该知道苏霍姆林斯基吧？"小可立即大声说："老师，我知道这个叫苏霍姆林的司机！"全班又是一阵大笑，小可是这个班的"活宝"。

在欢乐声中开启课堂，良好的开端是美好课堂的前奏。

教学日记之四

大课间，学生们在校园里踢沙包，我便加入其中，也一板一眼地踢起沙包来，每次能踢好几个呢，比打羽毛球的水平高，打羽毛球一个球也接不住。我踢得起兴，学生在教学楼上叫好，美哉。

踢完沙包，来到2018级13班门口准备上课，这次上课还带着小郭老师。这节课是即兴课堂，我喜欢挑战原生课堂，这样的课堂是生动的，学生们的天性和才华能得到最大限度的激发和展示。

课前，看到冷敏学同学仍穿着短袖，而我已经穿上棉袄了！我问他冷不冷，他说不冷！我握他的手，果然热乎乎的，真是个奇人啊！虽然姓“冷”却不怕冷！

开课了，我把上节课的问题拓展了一下：我们如何从城镇化进程中把自己从农村人转化成城里人。这节课以演讲的方式进行，给同学们5分钟的思考时间。

冷同学立刻举起了手，都不用思考。冷同学站在讲台上一张嘴同学们就笑了，他那俏皮的口音引得全班同学笑声不断。这孩子不但不怕冷，口才也超级棒！立春同学不会讲，但他有唱歌的天赋，那就唱一曲吧！茂林同学长得非常有村主任的气质，我就让他以村主任的身份来讲讲这个问题。

在欢声笑语中，不知不觉一节课即将结束，我把来听课的美女小郭老师请上讲台，小郭老师没想到我会来这么一出。我握着小郭老师的手走向讲台，学生们热烈的掌声把这堂课推向了高潮。

这堂课犹如音乐会一样令人陶醉，美好的课堂是师生共享的幸福。

40. 快乐就是和你们在一起

我现在最大的乐趣就是和学生们在一起，即使晚上没有晚自习我也要到各教学楼溜达一圈，到高三的学生班里看看。学生问：“老师，您是谁啊？来干吗？”我一点也不觉得尴尬和拘谨，我说我是给同学们打气的，简称“打气师”！学生都笑了。我给同学们打了一通气，调皮地离开，教室里响起了掌声。

我又溜达到高一的各个班，看看学生们的学习状态，给他们鼓鼓劲！

到了第二教学楼，我看到学校心理社和戏曲社的孩子们，他们看见我高兴得手舞足蹈，尤其是我的几个学生，好像见到了久别的亲人一般，和我合影留念。

来到 2017 级 12 班，孩子们在玩真心话游戏。甲同学问乙同学：“王老师是不是最漂亮的老师？”乙同学说：“是！”我笑着说：“你们这明明是假话游戏！”孩子们大笑！

这一圈溜达下来，心里便安稳和满足了。朋友评论：无法理解的乐趣。

这无法理解的乐趣在我们的教育教学生活中无处不在。

课堂上，我讲着讲着走到了教室的后面，突然一个学生双手捧给我一个小苹果，我迅速装到了衣兜里，我和该生相视一笑，这是一种此时无声胜有声的默契。

这是师生之间无言的美好，这种美好悄悄地发生着，我们也悄悄地享受着。

我对学生说：“明天我监考你们班。”学生一阵欢呼！我严肃认真地说：“高兴什么？我可不允许你们作弊！”学生说：“老师，我们不是想作弊，我们是想看到您！”好吧，什么样的老师教什么样的学生，真实的谎言是多么美丽！

谎言说多了，常变成真实的幸福。一天下午，实验楼拐角处，一个女生给了我一个大大的拥抱。走到第二教学楼拐角处，突然跑出来三个女生，她们现在是高三的学生了，我们分别都快两年了。这三个孩子看见我一声惊叫：“老师，我们要打劫你，劫财劫色！”“好啊，随便劫！”我笑着说。三个孩子笑作一团：“老师，我们当护花使者，您去我们班上节课吧，我们都好想您啊！”说完，她们不由分说地把我“绑架”到班里！站到讲台上，教室里响起雷鸣般的掌声！倾诉离别的思念，谈谈未来的人生，在欢声笑语中表达着我们师生之间的快乐。

孩子们，王老师是既幸福又害怕啊，如果有一天你们不爱我了，我可怎么活啊！

回办公室的路上，我被几个男生“绑架”着回到办公楼，有负责拎包的，有负责拿杯子的，有负责护送的。

幸福就是沉浸在学生的爱里。小梦同学，一个身材高大的漂亮女生，看到我过来把我紧紧地抱在怀里，对我说：“老师，我爱您！”一种小鸟依人的幸福和温暖瞬间包围了我的身心！“宝贝，我也爱你！”

走到办公楼大厅，一个女生跑过来说：“老师，我想和您合个影。”这个孩子不是我的学生，我也不知道她是哪个班的，当然也无从知道她的名字，但我毫不犹豫地说：“好啊！”我俩头靠头，幸福地笑着，“咔嚓”合了一张影。可爱的学生还知道给我用美图秀秀拍照。

忙了一天，夕阳西下，突然听到教学楼上有学生呼喊我的名字。打开窗户，11 班的几个男生在向我招手致意。阿俭同学高呼：“老师，I love……”没了下文，我知道他不好意思了，我高声回应道：“I love you！”

晚自习准备去几个班看看，小雪同学说：“老师，我有预感，您今天晚上肯定来！”到了 11 班，孩子们鼓掌欢迎。临走时，我把对阿俭说的那句话说给全班同学：“孩子们，I love you！”同学们齐呼：“I love you too，too！”我的眼睛有些湿润。

因为爱，所以爱，融洽的师生关系让我们可以像朋友一样相处。11 班的学生每次看到我来都兴奋不已，即便是下午第一节课最容易瞌睡的时候，孩子们一看到我，情绪立刻饱满，精神昂扬，班歌唱得那个嘹亮。尤其是我每次进教室的时候，他们都高唱：“两只老虎跑得快，跑得快！”我便配合他们跑到讲台上笑着说：“母老虎来也！”同学们劲头就更大了，起立上课的问候声十分响亮！

某天晚自习前，我无意中打开办公室窗户往外看了一眼，结果，靠近窗户站在教学楼走廊上的学生都朝我欢呼致意！甚至有的学生的半个身子都伸出了护栏外！我赶紧招手让学生退回去，自己也赶紧关窗户退进办公室！同事问：“学生为什么对你那么痴狂？”我说：“学生喜欢我呀！”

因为这种快乐，我们师生之间常有“一日不见如隔三秋”的感觉。一如我的白秘书（我的课代表），张嘴就说他都十来天没见我了，旁边几个学生还附和着说：“就是就是！”可昨天下午我还给他们上课来着。

此刻，我难以停下自己的笔，太多幸福的镜头闪现在我的眼前。我与孩子们的快乐和幸福是我职业幸福的最大源泉，滋养着我的学生，也滋养着我！

41. 老师，您真美

我认为在学生的眼里，一个教师美不美和容貌的关系不大，学生认可、喜欢一个老师，这个老师就是最美的，如同在孩子眼里妈妈就是最美的道理一样。

孩子们常常不吝溢美之词地向我表达着他们的赞美和喜爱。

风和日丽，我站在教室多媒体台边，明媚的阳光照在我的脸上，我享受着这种宁静和美好。一个女生趴在台子上笑眯眯地看着我说：“老师，您长得真好看！”“宝贝，你也好看！你们都好看，你们就是我的全世界。”

晚自习，晓晓同学不看书，也不学习，直勾勾地盯着我。我问她为什么一直看我？她说：“老师，您好看！”我说：“我认为书比我好看！”

一次，去隔壁班给小吴同学缝校服，一个女生说：“老师，您像我们的妈妈一样美！”

有时我走在校园里，会有不认识的学生突然对我说：“老师，您长得真好看！”我便幸福地对他们微微一笑。曾经有两个女生像欢快的小兔子一样跑到我面前问好，跟我说话。我好奇地问：“宝贝，你们认识我吗？”“老师，我们不知道您的名字，但我们喜欢您！您长得好漂亮，好温柔。”

还有一次，我的一个叫不上名字的学生，站在我面前说：“老师，您就是天使降临人间，您比天使还漂亮……”一时我竟无语了，只好笑着说：“谢谢你，宝贝！”

回到办公室，很少照镜子的我对着办公室的镜子左照右照。我看到了头上若隐若现的白发，看到了眼角的鱼尾纹，看到了含着血丝的双眸……哪里有美可言？孩子们在安慰我吧？

孩子们常常如此安慰我。一天，给 2018 级 11 班的学生讲学习力之观察力，我让同桌之间互相观察。小晨同学盯着我看，我问他观察到了什么？这孩子说看到了一个美丽的旭霞老师。

我打趣道：“你这孩子光说美丽的谎言！”小康反驳说：“老师，小晨最讨厌的地方就是光说大实话！”全班大笑。

我给学生布置了一项作业：你心中最美的老师是谁？翻开学生的作业本，一篇篇文章让我十分感动！感谢学生们的认可和赞美！作为一名教师，我只是完成了自己的本职工作而已，却得到了那么多学生的喜欢。

喜欢，是因为看见；因为看见，所以喜欢。

在郑州卫生学校参加余国良老师的新书研讨会，该校的一个小姑娘为会议组服务。她安静、优雅地坐在会议室的一角，脸上洋溢着青春的微笑。我忍不住用手机拍了下来，这孩子高兴地添加上我的微信，然后俯在我耳边说：“王老师，您真漂亮。”这是一个陌生学生的最好赞美，这种赞美是教育的看见，我看见了学生的美，学生也看到了一个老师的美。

所以说，一个老师的美，是刻在眼睛里的对学生的关爱。借用一句话：女人因可爱而美丽，不因美丽而可爱。教师亦如此，尤其是女教师，我努力做一个可爱的女教师，努力让学生看到我的美。

42. 做一个调皮的老师

《荀子·致士》云：“尊严而惮，可以为师。”意即为师者要有尊严的威信。《礼记·学记》亦曰：“凡学之道，严师为难。师严然后道尊，道尊然后民知敬学。”其意为凡是为学之道，以尊敬教师最难做到。教师受到尊敬，然后真理才会受到尊重；真理受到尊重，然后民众才懂得敬重学业，意即我们常说的“师道尊严”。千百年来，师道尊严似乎成为为师要术，为师者也多板起面孔，一副威严的样子，令学生尊之怕之，敬而远之。

作为教师，我也常思索为师之道，是让学生敬而远之，还是让学生亲而围之？教育，是师者与学生思想乃至生命的碰撞，如果没有良好的师生关系的建立，教育教学只是死板知识的传输。作为一名职业学校的政治老师，我常自诩为德育之师，深知自己肩负育人之责。育人，不是生硬的说教，是生命与生命的融合。生命是生动的，这种融合也应该是生动的。

我喜欢做一个生动的老师，做一个调皮有趣的老师。本此理念，我与学生的教育生活也是活泼有趣的。这种有趣已经渗透到教育教学生活的方方面面。

比如课间，我常常来到校园里和学生一起活动。有一回，我在操场散步，看到我美女班的学生在上体育课，我悄悄地潜入学生队伍中，一板一眼地和学生一起跑步，一起做操。学生们看着我呵呵地笑，我们的反常举动被体育老师发现了，体育老师也笑了。学生们对我说：“老师，您需要买一身校服！”我也这么认为。

我想象着自己穿上校服走在学生中间的样子，我想象着我还得办一张学生卡，不然进不了校门。我想起来一件事：一天晚上，我和几个学生一起去餐厅吃饭，一边说笑一边排队打饭。旁边一个男生一直好奇地看着我，最后他忍不住问我：“您是老师，还是学生?”我调皮地说：“我是学生啊，看我长得着急啊!”我的学生赶紧附和我：“这是我们班的王旭霞同学!”该男生更疑惑了，他那复杂的表情让我忍俊不禁。

如果说这些调皮的行为是学校生活花絮的话，那么我在课堂上的调皮则是教学生活的点缀。

不可否认，我的课堂教学学生还是喜欢的，但再好的老师也无法保证每堂课都能让每个学生趣味盎然地听讲。我的课上，也偶有学生会打瞌睡，这时，我会一边讲课一边走到学生身边，轻轻拍醒他，然后给他道歉：“宝贝，对不起，老师今天的课讲得不好，把你讲瞌睡了!”此时，睡觉的同学也会非常不好意思地向我道歉。我们互相道歉的画面倒成了一幕滑稽的表演，这也是课堂气氛的一种调节。

更有趣的一次是，我刚接了一个新班，某天去该班上课，正值课间，一个学生趴在桌子上睡觉，眼看要上课了，我便过去叫醒他。我轻轻地拍了拍他的肩膀，这个孩子眼睛也没睁，直接骂了一句：“滚!”我闻言大笑：“孩子，我也想滚啊!”这孩子听到是我的声音，顿时惊醒了：“老师，我不知道是您!”我依然笑着说：“孩子，我已经讲了一天课了，也累啊，我也想滚回家睡觉啊！可我滚不了啊，我还得给你们上课啊!”这个孩子羞愧地说：“老师，我错了，我真不知道是您。”“孩子，无论是我还是同学，骂人都是不对的哦!”

那一节课，这孩子坐得非常端正，听得也很认真。

于调皮之中润物无声，于嬉笑间达到了教育效果。

一日，我在2018级13班上课，正给学生们讲礼貌用语的使用，突然有人敲门。我打开门，一个男生站在我面前说：“老师，借几支粉笔。”当我把粉笔拿给他时，这孩子连声“谢谢”也没说，转身就走。我学着小品演员范伟的口气说了声：“谢谢哦!”全班学生哈哈大笑，这个男生怔住了，扭头对我说了声："谢谢老师!"

调皮的老师营造活泼生动的学校生活。推窗看到我的学生在楼下玩耍，一种本能的顽皮让我抓起一把阿尔卑斯糖果像天女散花一样撒下去。学生们看到从天而降的糖果都蒙了，左顾右盼不敢捡，当学生们发现楼上的我时，瞬间欢快了起来。

因为调皮，我和学生之间建立了深厚的师生感情；因为调皮，我和学生享受着快乐、甜美的校园生活。

前几日，学校以我为原型拍摄了一部弘扬师风师德的微电影宣传片。那天，当我推着一部用作道具的轮椅走在校园里时，我的调皮劲又来了。我坐在轮椅里自己推着自己在校园里走，学生们看见都惊呆了："老师，您怎么了?"甚至有学生都带哭腔了，吓得我赶紧从轮椅上站了起来，并向楼上的学生挥手致意："孩子们，老师没事，老师体验生活呢!"得知真相，孩子们也调皮起来，有几个学生非要在校园里推着我走，甚至把我推到办公楼前，还要把我背上楼去。那一刻，我调皮不起来了，眼睛里有了泪花，甚至想到将来我走不动时，也许推着我的可能就是我的学生。

我所有的调皮都是源于对学生的爱，这种爱不但让我和学生之间建立了深厚的师生感情，更收获了职业的幸福。

抛开所谓的师道尊严，我就愿意做一个调皮的老师，做调皮的教育。

43. 孩子们，谢谢你们的爱

在教育教学生活中，我和孩子们建立起了深厚的师生感情，尤其是孩子们对我的爱，让我感动。

今天我的学生因为我打了三次架。第一次，下午下课时，4 名学生要争着送我下楼，差点打起来，结果是一起送。第二次，晚上改作业，我的红笔没油了，借学生的，几个孩子又争执起来，他说用他的，她说用她的。第三次，高二年级的丹丹来送作业，丹丹说还有两个同学要来送，就是想今天晚上再看我一眼，两个人在班里打了起来。

孩子们的深情让我感动，他们这种炽热的感情让我沉浸在教学生活中无法自拔。

上午第一节课给2018级13班的学生讲《正确认识就业》，当我把课件打开，我问同学们自己将来想从事什么样的职业时，有个女生说她将来想当服装设计师。我调侃自己，我说我的身材五短三粗，不好买衣服，将来给老师设计衣服好不好？该女生说将来不但给我设计服装，还不要钱！学生大笑。又一个男生说他要当厨师，让我去他的饭店里吃饭。我高兴地说："孩子们，谢谢你们，将来王老师穿衣吃饭的问题都解决了！"学生大笑。

第二节课，给2018级11班的孩子发奖品，领辰同学看见我夸张地朝我大叫着："老师，我想您了，您不给我发奖品我也想您了！"他那可爱的样子让我心生温暖。

第三节课前，少珂同学来办公室，要"绑架"我去他们班上课，紧紧地搀着我的胳膊，生怕我跑了，就这样拽着我一路走到第二教学楼。我做了一路思想工作才得以脱身去另外一个班上课。第四节课，他来接我去他们班上课，拉着我就是不撒手。朱老师和韩老师站在走廊里看着我们笑。

下午第一节课，坐在办公室备课，进来两个学生交计算机作业，当这两个学生把作业放在年轻的刘老师面前时，这两个学生竟对刘老师提出了一个要求："刘老师，我们建议您听听我们政治老师的课！"我闻言抬头朝她俩望去，这两个学生是我的学生。我故意调皮地问："你们政治老师是谁啊？"这两个学生看着我笑眯眯地说："我们政治老师是王旭霞。"这俩孩子脸上带着一种自豪的神情。

下午放学后，我整理孩子们的学业水平测试卷，几千张卷子需要装订整理，这个工作量挺大。有几个学生主动帮助我整理卷子，感谢孩子们，倘若我一个人整理，得弄到半夜。干完活，我请孩子们吃饭，孩子们心疼我，死活不去。我把她们硬拉到食堂，让她们随便点餐。她们每人只要了一份水饺，别的一概不要！她们心疼我那微薄的工资。

晚自习课间，少珂从另一个教学楼跑过来找我，她说她昨天晚上想我想得睡不着，心脏难受。哦，我的宝贝，这让旭霞老师如何是好？旭霞老师也不能搂着你睡啊！

正在上晚自习时，我高三的一个学生来检查学生社团活动，他看到我在这个班坐班，就对着全体学弟学妹开始发表演说："告诉你们，你们摊上好老师了，王老师是我见过的最好的政治老师！"这个孩子慷慨激昂地说着，下面的孩子们不停地鼓掌。我站在讲台上笑着说："谢谢孩子们，谢谢你们对我的认可！"

高三学生走后，佳康同学说："老师，在中国教育史上您即使不是里程碑式的人物，您也是里程碑下那块奠基石！"闻言我竟有些手足无措："孩子，过奖了，我只是个普通的老师，一个爱你们的老师！"

下了晚自习，和学生们一一道别，等学生都走后，我下楼回办公室。走到办公楼拐角处，两个高三的学生碰到我高兴地说："老师，我们今天在窗户下面偷听您讲课，我们好久没听您的课了。""我亲爱的孩子们，有机会我会再给你们上课的。"

结束一天的工作，心里满满的幸福，下班回家，走在安静的校园里，我忍不住在心里对我的学生说："孩子们，谢谢你们对我的爱！"

课堂篇

我始终认为课堂是一个教师的灵魂所在，上好课是一个教师的天职。

教师要面对各种学生，有的学生喜欢学习，有的学生对学习不感兴趣；有的学生学习能力强；有的学生学习能力弱……面对众多学生，如何站好讲台，如何上好课，如何让学生喜欢课堂，这是对一个教师的专业素养以及人格魅力的考验。

面对这种考验，我最大的幸福就是上好每堂课。当站在讲台上听到学生们的问候声时，当走在教室里看着学生们一张张生动的面孔时，当和学生们一起沉浸在课堂上发生的一幕幕欢乐的花絮中时，这种快乐就是职业的成就感和幸福感。

44. 我的政治课堂

开学之初，我正在家帮助母亲打扫刚装修好的新房，领导打来电话，征求我的意见，问我能否担任两个班的政治课教学任务。闻言，我立刻把笤帚递给母亲，一种即将横扫天下的豪情涌上心头，毫不犹豫地就答应了。

这几年来，目睹着学生的素质一年不如一年，作为一名教师，我看在眼里，急在心里，恨不能天天给他们上政治课。我甚至因此而深刻地理解了鲁迅先生当年弃医从文的民族情怀。如今，我们的教育有些急功近利，我虽然是一名普通的教师，但教育情怀却深植于内心。

回到学校，我第一时间拿到了政治课本，中职教材——《职业道德与法律》。我连夜将教材过了一遍，领导的话言犹在耳：授权你可以脱离课本，用自己的方式给学生授课。这正是我所需要的，或许也是领导让我带这门课的初衷。

无论做什么都要做好是我一贯的作风，虽然是第一次讲政治课，我一定要讲好它，尤其是第一堂课，我要打下自己的课堂基础，形成自己的风格，让学生喜欢我的课。政治课是枯燥的，我面对的又是学习能力和兴趣都欠缺的中职学生，如果照本宣科那会睡倒一大片，我必须用风趣、幽默的语言和特别的方法唤醒课堂，也唤醒他们的思想。

第一节课终于来了！当我走上讲台时才发现下面全是女生，我惊讶地问学生："我怎么到了女儿国？"学生大笑："老师，我们是幼教班，当然都是女生了！"我莞尔一笑："那太好了，我们都是女生，就更好沟通和交流了。"学生又笑了。接下来按常规我得做一下自我介绍，如果我泛泛地说我是王旭霞老师，以后我来给大家上这门课……这种单调的方式连我自己也不能接受。既然是政治课，也得用点政治的色彩，时逢特朗普刚上台不久，我问学生："今天的美国总统是谁？"令我吃惊的是美女学生们竟然都不知道！我把美国总统特朗普的生平及当选情况简单给同学们讲了讲，告诉她们，这个美国的地产大亨、作家，又是主持人的家伙登上了美国的政治舞台。言毕，我转身在黑板上龙飞凤舞地写下了三个大字：王旭霞。她们一脸迷茫：这又是何方妖孽？我指着黑板问："同学们，认识这个人吗？"大家异口同声地说："不认识！"我说："这个人我妈妈认识！"同学们一下子都笑了。"同学们，我的经历和特朗普有些相似，我外语专业毕业，自修了汉语言本科，爱好读书、写作。今天特朗普登上了政治的舞台，我登上了政治的讲台！我们都属于跨界打劫。"我拿起课本展示给学生："这学期，这门《职业道德与法律》由我来给大家讲解。"

教室里静悄悄的，学生们面带笑容，我把接这门课的初衷和目的讲给学生。我讲起了学校的德育现状，举了一个简单的例子：学校厕所的问题。我说："关于女厕所的问题，因为男厕所我没去过。"学生大笑。"女厕所什么问题呢？'来也冲冲，去也冲冲'的举手之劳我们为什么就做不到呢？那么大的蹲池，为什么要拉在池子外面呢？"我一边说一边比画着池子和臀部的比例，学生们笑作一团。我依然严肃地讲着："尤其不能理解的是，居然能把排泄物抹到一人高的墙上，是怎么抹上去的呢？自己不嫌脏吗？"一个女生忍俊不禁，笑到桌子下面去了。

我讲得激情飞扬，学生们听得趣味盎然。我从学生们脸上的笑容看到了她们对于课堂的认可和喜欢。但无意中我发现最后一排一个女生异样的眼神如箭一般直射着我，那眼神是冷峻的、不屑的，仿佛在说："你这个老师真能嘚瑟！看你能讲出什么花来！"我感到不寒而栗，甚至是不舒服！我不动声色，继续讲我的课。我把学校、社会，甚至是家庭里存在的不文明现象通过幽默的语言、生动的课件展示，以饱满的激情通过脱口秀的方式讲给学生们听。在我让学生们列举自己身边的不文明、不道德的现象时，一个女生说："老师，我们农村现在的媳妇都可厉害了，得当祖宗一样供着，甚至还骂婆婆了。"听到这儿，面对这些十六七岁的女孩子，我因势利导地反问学生们："将来你们自己会怎么做?"孩子们七嘴八舌地发表言论，我以现身说法告诉孩子们："我把婆婆当亲娘，我给婆婆洗脚!"

从第二节课开始，每次上课前我都给学生们讲一件生活中的趣闻，这些趣闻结合本节课的内容起到引领课堂和教育学生的作用，简称课堂过门，学生们非常喜欢。在讲授课本知识时，我只把教学大纲提出来，课堂内容则结合社会现实、学生实际，通过自己的言传身教把正知、正念、正能量传播给学生。

从人生、道德、法律到修养、礼仪、礼节，再到学习、励志、理想，甚至有关学生校园暴力的防范以及人身安全的保护，我都融入课堂里，用我特有的王氏幽默、王氏思想感化学生们的心灵。在那节有关理想和未来的课上，我问学生们的偶像是谁？学生们多数回答的都是当红的明星。我问那个目光犀利的女生她的偶像是谁？她的回答竟然是："老师，我的偶像是王旭霞!"一语激起千层浪，有学生高呼："老师，您是我们的偶像，您是我们的女神!"那一刻，我百感交集，我知道我的学生认可了我，我知道我的思想影响了我的学生。

作为一名教师，"学高为师，德高为范"一直是我孜孜不倦的追求。正是这种学识的积累和修养的提高，使我有勇气跨科走上政治的讲台，并且能够把自己的思想传授给我的学生们，这是我作为教师最大的幸福!

45. 做一个“不着调”的政治老师

作为教师，我相信每个教师都想成为一名优秀的教师，都想成为一名受学生喜欢的教师。那么，我们如何成为一名让学生喜欢的好教师呢？教育专家、特级教师于永正老师，他从个人经历和观察中得出做一名好教师的秘诀：做不太像老师的老师，上不太像课的课。

这一学期我担任两个年级的政治课，课时多、任务重，如何上好这门课？如何做一名学生喜欢的老师呢？我的心里也有了谱：做一个“不着调”的政治老师。

开学第一课，我分别要给2016级A、B、C三个班开课。

2016级A班是我校一个种植班，教室门口摆满了各种花卉，令人赏心悦目。当我站在讲台上时，竟然发现台下的同学们像门口的花儿一样美，心情大悦，开讲！

“同学们，初次见面，请多关照！今天是公元2017年8月30日，农历七月初九，九日为旭，此刻是早上7点钟，正是太阳升起的时候，旭日东升，霞光万道，乃曰：旭霞也！Today is my birthday！但是很不幸，在我以前生日的时候，总是旭日东升，艳阳高照，独有今天王旭霞老师要登上政治课的讲台了，老天爷下雨了。是他伤心了，还是感动了？我相信他是感动地哭了！”同学们的掌声响起来，大家甚至异口同声地唱起了：“Happy birthday to you，Happy birthday to you！”

我继续说：“世界上有两种爱最包容，一是母亲的爱；一是情人的爱。正所谓，情人眼里出西施。我要用母亲的爱包容你，要用情人的爱欣赏你，即便是你脸上美丽的青春痘我看着都是金光闪闪的可爱！”学生们大笑。

在学生们的掌声和笑声中结束了这节课，一个帅哥赶紧把门口的花端给我一盆："老师，送给您一盆花！就当是您的生日礼物！"当我端着花儿回到办公室时，心里满满的幸福。

2016 级 B 班是计算机专业班，同学们一个个严肃得跟程序表似的。我问大家一个问题："同学们，你们觉得我是男老师，还是女老师呢？"台下鸦雀无声！"天哪，你们居然看不出来我是男是女？你们见过这么漂亮的男老师吗？只有女老师才能长成我这样！"同学们紧绷的脸上露出灿烂的笑容。

做完自我介绍，我让同学们上台来做介绍。当我随机点到一个男生时，他拒绝上台。他说："老师，我怕我写下我的名字你不认识，让你难堪。""呵呵，那就来挑战一下，倘若我不认识，我甘心拜你为师！"帅哥走上讲台，一笔一画地写了个繁体的"贾"字。台下的同学们都笑了，我也笑了，我说这个字这么讲："当姓氏用时读'jiǎ'；当名词和动词用时读'gǔ'，是商人和经商的意思，对不对？"帅哥说："对！""好，请你做个自我介绍吧。"

可爱的帅哥开始自我介绍："我叫贾飞，男，未婚……"好家伙，你在征婚吗？台下的同学笑作一团，我也笑着说："本广告长期有效，可惜王老师已婚。"同学们大笑。

课堂气氛瞬时融洽起来，程序表成了动画片。

2016 级 C 班是我上学期教过的两个班的合班，因为一些原因，中途我的课停了。这学期恰巧又带她们班，同学们一直追问我教不教她们，我都说保密！

当我拿着课本遮挡着脸走进教室的时候，孩子们尖叫了起来！雷鸣般的掌声响了起来！我站直身体，掩饰着内心的激动，严肃地说："上课！"台下齐刷刷的身影站起来："老——师——好！"当同学们发出第一个声音的时候，我感觉屋顶都要飞起来了！

同学们用期盼的眼神看着我，我的心跳加速，甚至让我这个以脱口秀而自居的人失语了！

“同学们，当我知道这学期要教你们时，我是纠结的。一来我想教你们，因为我也想大家了；二来我不想教你们，我怕辜负了你们对我的期望！今天，王婆已经卖了一天瓜了，篮子都空了。”同学们大笑。“你们都知道黔驴技穷的故事，我就是那头黔驴啊！”同学们笑着说：“老师，您讲什么我们都喜欢，不讲，看着您也行！”

我怎么能够不讲呢？我不但要讲，还要绞尽脑汁地讲好。我要让每一个同学都感受到课堂的快乐，感受到我对他们的爱，我要用我那不着调的幽默给予他们着调的人生启迪和教诲。

也许我就是个不着调的政治老师，但我要做个学生认可的政治老师！

46. 又是一年开学时——开学第一课

又是一年开学时，这天，给 2018 级 11 班的新生上了开学第一课，没想到这开学第一课上得如此幸福和快乐。

前一天晚上，我先到 11 班和学生们见了个面。当我走进教室，学生问：“老师，您是谁啊？”我微笑着说：“保密！”“老师，您教什么啊？”我微笑着说：“保密！”“老师，您为啥来我们班啊？”我依然微笑着答：“因为我想你们啊！”教室突然响起雷鸣般的掌声！我在教室走了一圈后和学生们挥手告别：“孩子们，明天见！”教室里竟又响起热烈的掌声。这个班的孩子太热情了！

第二天，当我站在讲台上时，学生齐刷刷地看着我这个神秘老师。上课铃响了，我站直身体，高声说：“同学们好，上课！”

“同学们，你们相信缘分吗？”“相信！”同学们异口同声地说。“老师也相信缘分，如何让我遇见你，在你最美丽的时刻，为此我在佛前求了五百年，孩子们，感恩遇见！”孩子们的掌声响了起来。

“同学们，我们昨天晚上已经见过面了，现在我就给大家揭开谜底。这学期我担任大家的政治课老师，我们共同学习《职业生涯规划》，首先我给大家做个自我介绍。”

我的话音刚落，教室里又响起了掌声。我把课件打开，我的照片出现在大屏幕上，我用自己那首《生日赋》做自我介绍：

戊戌纪年，七月初九，九日为旭，阳升出霞。今旭日未升，霞光掩隐，秋雨淅淅，乃天地悲恸，叹岁月之逝。历史N年之久，此日此时，一女呱呱坠地。其面相丰满，哭声嘹亮，父观天象，翻旧历，乃取名曰：旭霞。斗转星移，岁月沧桑，历经坎坷，命运多舛，终得眷顾，中年安然。人生苦短，壮志未酬，焚膏继晷，孜孜以求，若问何故，不耽生年！作赋记之，以兹纪念。

当这首《生日赋》出现在大屏幕上时，我便听到了学生们读错字的声音。我转身把“戊、戌、戍”三个字写在了黑板上，并把这三个字的读音讲给学生。当我读到“呱呱坠地”时，停了下来，问学生们：“此处‘呱呱’怎么读?”有学生答：“guā guā!”我笑着说：“‘guā guā’那是青蛙的叫声，此处读音为‘gū gū’！”学生大笑。对于职业学校的学生来说，文化课基础是薄弱的，这也是我有意的教学行为。

我给学生们讲起我焚膏继晷的学习精神，讲不耽生年的人生追求，而后话锋一转，把我那首《重写青春的华章》展示给同学们：

重写青春的华章

不悲伤，不彷徨，让我们重写青春的华章。

——题记

知了在枝头歌唱
表达着生命的欢畅
而青春的你却在无尽地惆怅

惆怅那落榜的彷徨
彷徨无法面对父母的失望
更难以承受他们的沧桑
在这个如火的夏日里
你的心充满了荒凉

都说青春如梦
你的青春却折翼梦殇
在青春的晨钟里
迷失了人生的方向
彳亍在破碎的梦里
路在何方

职校向你伸出了橄榄枝
世俗的眼光
却成为你心头的恐慌
但你要坚信
有理想的地方地狱也是天堂

走进美丽的校园
老师的微笑犹如温暖的阳光
同学之间的友谊沁润心肠
专业课程的学习
让你拥有一技之长
一技之长是谋生的保障

职校让你的人生充满希望
快乐会回到你的身旁

自信也似归途的羔羊
欢跳在喜悦的心上

挥手告别青春的迷茫
重写青春的华章
让青春的诗篇再次飞扬
让青春的帆再次远航
远航——
追求人生的梦想

“同学们，我知道你们有的是考到我们学校的，有的是考普通高中落榜的，尤其是考普高落榜的同学们，内心的失落和彷徨老师是理解的。彳亍在破碎的梦里，我们的学校向你伸出了橄榄枝。孩子们，你们来到这所学校已经有十来天了，在这里军训和生活的日子里，你们开心吗?”“开心!”“后悔吗?”“不后悔!”

“同学们，伟大的哲学家柏拉图说，有理想的地方就是天堂。无论在哪里，只要努力都可以实现人生的梦想！我们学校曾走出去许多优秀的学生！你们也将是其中的一分子!”我的声音里充满激情，同学们的掌声再次响起来。

“同学们，让我们在未来的日子里，共同学习，共同努力，共同为了人生的梦想前行，不辜负青春，不辜负父母，也不辜负自己的人生!”

在学生们再次响起的掌声中我走出教室，我的内心充满了希望和幸福。这将又是一场师生之间的旅行，我相信这定是一场快乐的旅行。

47. 上课犹如谈恋爱

爱学生，爱教育，爱课堂，这些爱让我沉浸在职业的幸福中。

——题记

对学生的爱不仅体现在课堂下，更体现在课堂上，因为爱而信任，因为喜欢而放松。每次上课，我都感觉像和学生谈恋爱一样。

我带着 8 个班的学生，就像和 8 个不同的人在恋爱一般。

在这多角恋爱中，不同的班级给我的感觉是不一样的。

2017 级 15 班的孩子可以说是我最好的恋人，这是幼教班的孩子，全是女生。这些女生在课堂上严肃活泼，是我最喜欢的课堂氛围。我讲课时她们都安静地听课，听到有趣的地方也毫不吝啬自己的笑声和掌声，她们笑起来甚至会笑个不停……

这个班的学生很会配合我的课堂，比如封同学和晁同学这俩活宝，有一次让她俩表演一个故事，两人用方言把故事情节扩展到了九霄云外，全班同学笑得前仰后合！我对她们的表演天赋佩服得五体投地！

封同学不但有表演天赋，而且脑子里储存的歌曲量惊人，若是点唱，她可以做到秒唱！这对唱歌五音不全的我来说，简直是太不可思议了！

2017 级 12 班的学生是最折磨我的一个恋人。他们活泼时全世界都沸腾，他们安静时全世界都沉寂！班主任苏老师是极具教育情怀的一个老师，在我们的共同努力下，这个恋人也越发迷人可爱了。他们在我的课堂上越来越上道了！他们的笑容就是见证。这个班的梁同学，甚至说要一生一世和我在一起，这可如何是好？愁死我了。

2017 级 14 班的张大炮同学（这外号太犀利了），在我的课堂上，她把一个农村阿姨的神态演活了！她把我的包背上，面对求助的“小军”同学，用妈妈般的语气对话，再加上那小眼神，把同学们逗得眼泪都笑出来了。她那炉火纯青的演技可以直接上电影学院了！一个班里有这样的学生，往往是课堂气氛的调节剂。

2017 级 11 班是我最深情的恋人。每次去别的班上课经过 11 班的门口时，总有学生在悄悄等我，而我也总是悄悄地把脑袋从门缝里探进教室里看他们一眼。无论我的课讲得好不好，他们一律说：“好好好！”

我就是被他们班给惯坏的！

2017 级 13 班的课堂是个神话，每次在这个班上课都有开讲座的感觉。课堂上学生们端正地坐着，而我却喜欢讲课时在学生中间走来走去。我常常站在佳琪身旁，拿佳琪举例子，她笑得脸上的粉刺都泛着光。

这个班的常有同学，是个身高一米八五的帅小伙，他那婴儿般明澈天真的眼眸让我心生温暖。某天晚上，他因为和同学发生冲突十分愤怒，但当我站在他面前时，他便安静下来，即刻恢复了孩童般的安静，撒娇地和我击掌表达自己的歉意。那一刻是我们师生之间心照不宣的默契，这是课堂教学生活中建立起来的信任。

我把我的课程表做成了手机桌面，我不知道其他老师有没有这样做的，我带的班多、课多，我怕上课时走错班，有时还会被学生们“绑架”抢课。曾经有一次给A班上课，B班的孩子们非要把我拖走，把我的胳膊都快扯下来了，疼了好几天。

教师的魅力在哪里？课堂的魅力在哪里？除了教师应具备的专业素养外，教师对待学生的态度更为重要。教师要用对待恋人的态度去对待学生，因为恋人的眼睛里全是爱，全是对方的可爱之处和优点。

你爱他们，他们会更爱你！

当我们拥有了这样的心态，上课犹如和学生谈恋爱，那感觉是美妙的、幸福的、快乐的！

48. 一节课有多长

一节课有多长？不是45分钟吗？作为一个教师不该提出这么幼稚的问题！恰恰因为我是一个教师，我一直在思考这个问题。

每天，当上课铃声响起，学生的学校生活被分割成N个45分钟；教师的教学生活被分割成N个45分钟。在这无数个45分钟里，有多少学生在享受，有多少学生在难受？又有多少教师在享受，多少教师在难受？

从学生时代走来，从自己的教学课堂中走来，从别的教师的课堂中走来，对于45分钟的感受可以用一句话来形容：度年如日，度日如年。

记得有个学校的学生对我说：“王老师，我们班里那个政治老师好可怜，她一上课就照着课本念，把我们都念瞌睡了。我都心疼她，想替她念！”听到这话，我心里五味杂陈，我也心疼这个老师，我更心疼学生。这样的45分钟，师生双方都是度日如年吧！

所以，当我跨界打劫走上政治的讲台，我是忐忑不安的，我使出浑身解数努力上好这门课，备好一节课需要两天时间。从学生们的欢喜和热情中，我知道他们是认可并且喜欢这45分钟的。我也时常和学生们一同享受在课堂教学中。但我依然是不安的，正如网上火爆的复旦大学老师陈果所说：“每次上课都是紧张的，我怕我不爱这个世界了，我怕灵感抛弃了我。”这也是我的心声，因此，我一直努力行走在这45分钟的时间里。

这些年，我也陆陆续续听了一些教师的课，尤其是一些示范课。对于这些示范课，我最大的感受就是让听课者煎熬于“示范”的魔咒之上。在一窝蜂的课改中，大家都拘泥于同一个模式。比如关于“说课赛”，大家都按固定的模式说下来，一场场听下来，感觉像烹饪大赛上的炒白菜比赛，都按照洗白菜、切白菜、炒白菜、装盘子的程序走下来了！程序相同，味道雷同，甚至是寡淡无味。倘若形式不能改变，我们可不可以多加点调料使其美味一些？

还有一些示范课，我们也是按照模式中规中矩地讲下来的，莫说学生听着难受，连我们自己都听着难受，这样的45分钟就是度日如年！

那么，快乐的课堂来自哪里？我认为那些可遇而不可求的原生课堂就是生动的。

前几天，我校举办“名师杯”讲课大赛，李老师讲授艾青的《我爱这土地》。李老师讲得非常好，学生和评委老师都沉浸在课堂中。其中一个课堂环节是：李老师让学生模仿该诗写一首爱国诗并朗诵。当学生们深情地朗诵自己写的爱国诗时，我突然想起自己前几天写的一首诗《祖国，我爱你》。我想，此刻朗诵自己的这首诗，不但能烘托课堂气氛，更能起到教育学生的目的。我举手示意，李老师走到我身边，我告诉她我要朗诵我的爱国诗，李老师欣然应允。当我声情并茂地把这首诗朗诵完，教室里响起了热烈的掌声！课后许多老师对这种课堂的设计赞不绝口，但他们不知道我们是临时合作！

这样的课堂，无论是学生、评委老师还是授课教师，都是享受的、欣喜的，是谓之曰：度年如日。

记得前段时间网上有段视频，某高校一位教师的高数课火爆到学生趴在走廊窗户上听课！数学课，通常被我们认为是枯燥乏味的，但这个老师的数学课却能有如此大的魅力，原因何在？

江苏职教专家刘景忠老师在其《近距离观察职业学校课堂》一书中写道："要打造魅力课堂，首先要打造魅力教师。教师是课堂的主导者、引导者，教师的思想风格、人格魅力、知识储备以及对教育事业的情怀都是魅力课堂的构成元素。"这样的教师，这样的课堂，这样的45分钟，是幸福、快乐、高效的。反之，一些教师却仅仅作为知识的传话筒、教材的复述者，他们的课堂必定是枯燥无味的，令师生都难受的。

所以说，一节课有多长？这个问题主要取决于教师。为师者要打造自己的人格魅力；要不断地学习，加强自己的知识储备和人文修养；要不断地研究和反思自己的课堂；要从学生的角度设计课堂。教师只有把课堂教学当作事业来经营，师生双方才能享受课堂的快乐！

49. 怎么上课，学生才喜欢

北京市十一学校特级教师魏勇老师写了一本书《怎么上课，学生才喜欢》。我没看过魏老师的这本书，但这个书名我是非常有感触的。怎么上课，学生才喜欢？作为教师，这是我们要思考的问题。课堂是师生共处的第一阵地，是师生之间传播知识、构建师生关系的主要场所，那么，作为课堂主导者的教师怎样构建这种课堂呢？也就是说：怎么上课，学生才喜欢？

我们常说，要抓住一个人的心，首先要抓住他的胃，同理，要想抓住学生的心，首先要抓住课堂。

抓住课堂，往大了说与一个教师的知识和专业素养，以及个人魅力等因素有关，往小了说就是一个教师上课的态度。

备好课是上好课的保障

不打无准备之仗，备好课是上好一堂课的关键。台上一分钟，台下十年功，备课的重要性不言而喻。作为一名职业学校的政治老师，我讲授的高一年级的政治课是不参加考试的，就是说没有考试的压力，按说也该没有备课的压力，而实际上恰恰相反，压力很大，因为学生没有学习的动力。为了激发学生学习的兴趣，我在备课上投入的时间是巨大的。曾经有一个外地的老师问我备一节课需要多长时间？我先问他需要多长时间，他说需要两个小时。我说我需要两天甚至更长的时间！在学校上课期间，我没有时间备课，周末就是我的备课时间。

备课时需要静下心来，安安静静地坐在书房里思考，因为我所面对的学生是职业学校的学生，所以要在研究透教材的基础上再研究出适合学生的教法。我在教法上多采用案例法，这些案例有一部分来自教材，更多的则是来自当下的社会热点。这些社会热点一是能引起学生的关注和兴趣，二是能给予学生更多的现实教育意义。在教学手段上，多采用多媒体教学，因此在课件演示设计上需要下一番功夫，力求能最大限度地激发学生的学习兴趣和热情。事实证明，这种教学方法是有效的，学生们很喜欢，我们的课堂也常常是生动有趣的。

因此说，备好课是上好课的保障，所谓家中有粮，心中不慌。

要善于营造课堂

在课堂教学中，要善于营造课堂，增强课堂的活力，充分利用身边的教学资源，达到事半功倍的教学效果。

一天，我给学生讲《职业道德是职业成功的必要保证》一课。上课铃声响过之后，我正准备讲课，突然教室门被推开，一个20多岁的小伙子搬着梯子进来了。他没敲门，径直进来把梯子往讲台上一放，面无表情地爬到梯子上开始在黑板上方的一角安装东西。不敲门也就罢了，居然也无视我们的存在，我故作惊讶地看着小伙子，学生们也被我的样子逗得窃窃地笑。我拿起翻页笔当作话筒放到嘴边对小伙子说："请允许我称呼你小兄弟，今天我就采访你一下，你喜欢自己的工作吗?"小伙子依然面无表情地说："不喜欢!""既然不喜欢，那你为什么还做这份工作呢?""为生活所迫!"小伙子话音刚落，全班学生都笑了。我转身对着学生们说："同学们，我们今天讲《职业道德是职业成功的必要保证》，职业道德也包括职业精神，职业精神要求我们干一行、爱一行、专一行，只有如此才能体会职业的乐趣，创造职业的价值。这位小哥哥显然没有这种职业的快乐。"当我讲到此处时，小伙子停下手中的活儿看着我。我走到梯子旁，一边用手扶住梯子，一边给学生讲课。我以自己为案例，继续对学生讲："我喜欢自己的工作，不惜一切投入自己的时间和精力并享受其中。同学们，你们和我在一起快乐吗?"学生高呼："快乐!"学生们高呼的声音显然吓着小伙子了，小伙子从梯子上下来对我说了声"谢谢"。

这节课对学生的触动是很大的，我想对小伙子也有所触动吧。更为有趣的是，那天我有四节课，分别在四个班里碰到这个小伙子，小伙子被我采访了四次。我想我不但营造了自己的课堂，更关键的是我可能也影响了这个小伙子吧。

要善于改变课堂

在和外地老师们的一次座谈会上，我提出了自己的"课堂红烧肉理论"。红烧肉固然好吃，不能让学生一天吃三顿，吃三顿他跟你急，腻啊！胃受不了啊！课堂亦如此，再好的课堂也有师生疲劳的时候，这就需要教师们经常改变课堂教学方法。

我在实际的教学中，就常常改变上课模式。其中最常用的方法是让学生来主导课堂，让学生当老师。让学生走上讲台，不但锻炼了学生的勇气，也激发了学生的潜能，课堂也变得活泼、生动。我的学生一凡，往讲台上一站，气宇非凡，思维敏捷，口才堪比脱口秀演员；靖坤同学平时是个非常文静的男孩子，可一站到讲台上，他那喜剧演员的天赋就淋漓尽致地表现出来了，听他的课时，同学们总是笑得前仰后合。

怎么上课，学生才能喜欢？一言以蔽之，以学生为本的课堂教学学生才喜欢。讲台是教师的灵魂所在，努力修炼自己，构建魅力课堂，让学生喜欢，让自己快乐。

50. 享受课堂的快乐

对我来说，每一堂课的成功就是我教学生活的最大幸福，所以，努力上好每一节课是我最大的追求。

在教学生活中，每上完一个班的课，我都要总结、反思不足之处，以便在给下一个班上课时改进。有时候已经上完两个班的课了，仍感觉有些不满意的地方，我会不遗余力地对课件进行修改，直到自己满意为止。

但在实际的教学中，无论准备得多么充分，对于原生课堂来说，总有意想不到的情况发生，而这些意外情况往往是原生课堂的乐趣所在。

一天，我已经上完两个班的课了，对课件又进行了再次深加工，怀着对第三个班的课堂的无限憧憬来到教室。开电脑、开投影，怎么不能用呢？“老师，我们班的电脑坏了！不能用了！”“哎呀！”我心里掠过一丝失落和不安。

上课铃声响起，我进入状态：“同学们，王老师脱口秀节目开讲啦！”脱离了课件的羁绊和束缚，思绪竟如潮水般涌来。从党的十九大的召开讲起，从我们这里一位投身家乡建设的党代表讲起，从我们自身的发展讲起，从课本上的案例讲起……不知不觉，在孩子们的笑声中一堂课完美落幕。

带着课后的满足和幸福（请允许我说这是职业的幸福），我又来到另一个班上课。走到教室门口，教室里静悄悄的，作为课间时间这是不正常的！我轻轻地推开教室门，教室窗帘拉得严严实实，只见一部分学生趴在桌子上睡觉。

上了一上午课的学生们也着实累了。我把窗帘全部拉开，学生们起立准备坐下时，我说："咱们现在不要坐，全部站着，我要教给大家一个保健操，专治打瞌睡！大家举起右手，张开手掌，轻轻地拍打自己的脑袋，是轻轻地拍打！不要把自己打成脑震荡了！"学生们哈哈大笑。

经过两分钟的拍打，一个个都精神了。有了上一节课的经验，这一节课也不用课件了，继续脱口秀。学生们都睁着眼睛，趣味盎然地享受着我的王氏幽默。

有的时候课堂花絮也会不期而至。一次在课堂上，我让吴强同学讲书本上那个"靠养犬成功的小磊"的案例。案例中小磊同学是畜牧专业毕业的，吴强没看清楚，居然讲成小磊是畜生专业毕业的！同学们忍不住都大笑起来，笑得眼泪都流出来了，我也忍不住和同学们一起笑起来。曾经看过一篇文章中说，中职课堂上多数学生是在睡觉中度过的。这样的课堂，学生怎能睡着啊！

当然，对于中职课堂，能让学生每堂课都聚精会神地听讲有时候真是个技术活。一次我讲课，小雨同学拿着一个小毛毛熊摇来摇去地玩，我一边讲课一边走过去说："来，让老师玩会儿。"我把毛毛熊拿过来，声情并茂地挥舞着手中的小熊讲课。同学们一边笑一边听我讲课，这看似无意的举动，提醒了小雨，也调节了课堂气氛。这样的原生课堂花絮常常是课堂的点缀，拉近了师生之间的关系，活跃了课堂教学，师生共享课堂的快乐。

对于那些可遇而不可求的课堂教学素材，更要拿来用于现场教学。在讲授《依法公正处理民事关系》一课时，要给学生们讲合同在民事活动中的运用。上课前，有学生向我借生活费，我立刻把这件事当成课堂案例来演示，我让学生写下借条，然后我把生活费借给她。这种真实的现场教学是活泼生动的，让我们在轻松的课堂氛围中完成了课堂教学。这种课堂我是享受的，学生也是喜欢的。

课堂是老师传授知识的地方，有些知识是枯燥的，如果老师讲课也是枯燥的，那么课堂就会成为无趣而沉闷的地方。这种无趣和沉闷是不利于学生学习的，人的大脑在愉悦的状态下其学习效率是高于在沉闷状态下的学习效率的。

所以说，课堂教学对于老师来说，不但关乎学生的学习，也关乎自己的职业幸福。如果一个老师对于课堂是畏惧的、无力的，那么老师本人也是痛苦的。为了避免这种痛苦，我努力备好每节课，使自己能够游刃有余地把握课堂，营造课堂的快乐，这种快乐是我们师生之间的精神盛宴。

51. 魅力课堂花絮

一个老师能够抓住学生的学习兴趣，能够吸引学生，这是实施良好课堂教学的重要条件，更是营造魅力课堂的关键所在。美好、生动的课堂花絮恰恰是魅力课堂的点缀。

在我的课堂上，这种花絮常常不期而至，成为课堂教学的魅力所在。

（一）

2017 级 11 班的课堂是我所有班级中最生动的，孩子们铿锵有力的问候声恰是对课堂的期盼。这个班的课堂教学氛围也是愉快的。

一天，我一边讲课，一边在教室里走动，突然发现小史同学居然在睡觉，这是不正常的！我悄悄地走到他身边，轻轻拍醒了小史同学。我说：“小史同学啊，假如你现在要在你们村里开个面包房，你准备给你的面包房取个什么名字呢?”全班同学异口同声地说：“史真香面包房!”而后大家一阵大笑，小史同学也笑了，我也忍不住笑了。这个班的课堂气氛常常是如此欢乐。小史同学不瞌睡了，我让他规划他的面包房，他正一脸陶醉地在想他的面包房呢。

在讲到价值规律对生产的影响时，其中第三条是促使生产者生产适销对路的高质量产品。我让新转来的韩冰冰同学上到讲台来，韩冰冰一上台，同学们竟自发地给这个很内向的同学鼓起掌来。我封韩冰冰同学为服装厂的韩老板，韩老板有些紧张，我告诉他不要紧张，在王旭霞老师的课堂上尽情地表现。

我问韩老板如何生产出适销对路的服装?韩老板很拘谨，同学们七嘴八舌地帮他出主意，有出好主意的，也有出馊主意的。某同学让韩老板生产“皇帝的新装”，保证适销对路，并建议给班里每人发一件。同学们笑得前仰后合：“这不是集体裸奔吗?”拘谨的韩老板也忍不住笑了，就连小史同学也顾不上规划他的“史真香面包房”了。

(二)

2018 级 11 班的孩子，我与他们仅仅相处了一个月的时间，但孩子们显然也喜欢上了我的课堂。国庆假期回来后上 11 班的第一节政治课，学生们看见我很激动，师生相互问好之后，我开始讲课。

“同学们，假期生活过得好不好?”大家瞬间热闹起来，有的说好，有的说不好。其中一个男生的嗓门最大：“老师，不好，我假期累死了!”我问他原因，他说假期里一直在家刨花生！所谓刨花生就是把花生从地里刨出来，运回家晾晒。

11 班是现代农艺专业、宠物美容和疾病防治专业的合班。我就以刨花生为题展开课堂，讲到中国的农业生产，讲到国外的农业生产以及我们如何发展我们的农业，从而引导到这个班学生未来将从事的职业上，把专业和职业结合起来讲。在讲到职业理想的个体差异性特点时，我以宠物专业的学生举例。比如我们将来要给宠物美容，如果你的专业能力很好，就能把宠物宝宝打扮得很漂亮；如果手艺不精，把人家的狗宝宝剪得跟狗啃的一样，肯定不行！学生大笑。我继续讲，现在宠物在家庭中的地位很高，尤其在宠物疾病防治上，更不能掉以轻心，这就需要我们把专业技能学扎实了！

如何树立我们的职业理想呢？我从当红明星讲到施一公教授，讲到鲁迅先生。孩子们听得津津有味，最后我用居里夫人的话结束了这节课，居里夫人在被人问到其成功的心得时，她这样回答，首先要有一个美丽的梦想，然后把它变为现实。

（三）

上午第二节下课后，身边的小王老师给我看一个手机视频，视频中我俩共同执教的幼教美女班的 80 多个女生在她的课堂上全都睡着了！我一时惊异，不该如此啊？在我的课堂上这些孩子们都很活跃，不会睡觉的！我正诧异时，小王老师不紧不慢地说，这节课讲的就是幼儿教育中的催眠疗法，我恍然大悟。

第四节是我的课，开课第一句话就是：“孩子们，你们困吗？”全班学生答：“不困！”我笑着说：“我知道你们都睡醒了，第二节课被催眠了吧？那咱这节课就更精神了！”学生大笑。

开始讲课，这节课讲第四课《社会主义基本经济制度》，案例导读是“神舟六号”飞船飞向太空的事例，我改成“神舟五号”飞船飞向太空的事例。

正当我讲得眉飞色舞时，学生一阵大笑，我扭头一看黑板，我的课件自动翻页了，原来是只苍蝇落在大屏幕上了，这个触屏式的大屏幕因此自动翻页。

我把课件翻到当前页面，一扭头，苍蝇又给我翻页了，学生又笑。我笑着说：“咱们班这个宠物养了好久了啊！怎么办呢？”我话音刚落，只见小珂雄赳赳气昂昂地走上讲台，拿起一本书，手起书落就把苍蝇打死了。学生又是一阵大笑。我指着屏幕上杨利伟带着血渍的牙齿说："看，你把我们的英雄打流血了！"学生大笑。我们在欢快的课堂氛围中继续讲课，这堂课在不知不觉中结束了。

下午，替忙着晋级的常老师上课，是2018级11班的课。一进教室，少了三分之一的学生。前面说过，这是个合班，专业课分开上，公共课一起上。宠物美容和疾病防治专业的学生去上专业课了，本欲讲课，学生不齐，不能讲了，打开多媒体让学生看电影《哈利·波特与死亡圣器》。有个学生兴奋地说："老师，我好久没在学校看过电影了！"

学生看电影，我坐在第一排写东西，突然听到咕咚咕咚喝水的声音，我扭头一看，赵金雨同学把我杯子里的水全喝了。她说她不知道是我的水，还以为是同桌的，我说没关系的，老师再接一杯好了，这孩子不好意思地笑了。

写了一会儿文章，我扭头往教室里看了看，不看不要紧，一看吓一跳：居然有一大部分的学生都趴下睡着了！我上课没有人睡觉，看电影居然都睡着了！我哭笑不得。学生说："老师，您还是讲课吧！我们喜欢听您讲课！"

（四）

一次，我给2017级13班的学生讲如何推销自己。我首先推销我自己，我把自己的照片展示在大屏幕上。我问学生们："这个美女是谁？"学生们答："王旭霞老师！"我又问："这个美女漂亮吗？"学生们答："漂亮！""那么，请你们给这个美女估个价吧。"学生们七嘴八舌地讨论，其中一个女生说："九块九包邮！"全班哄堂大笑，王老师我表示很受伤。

课堂互动，我突然和一个我叫不上名字的女生打招呼："How do you do?"结果，这个女孩子一紧张竟回答我："你好有肚！"瞬间，全班同学笑成一片，我也忍不住了，眼泪都要笑出来了，刚才那个九块九包邮的伤心事也抛到九霄云外了！

(五)

在一次课上，我和大家展望未来的生活。我问同学们：“到本世纪中叶，你的生活会是什么样?”学生炸了锅：“老师，到那时候这教室里的同学都成老头老太太了!”学生大笑，我也笑着说：“希望30年后我们还能在此见面、上课!”我拿起学生们上节课剪枝留下的一根树枝当拐棍，学生大笑。我也笑着说：“同学们，日子过得飞快，一如老师眨眼就到了中年一样，你们要珍惜你们的青春年华啊!”

下了课，我依然沉浸在课堂的快乐之中，学生们不让我走，小博拿着树枝拐棍和我畅想未来。

我们不但畅想未来，我们更享受当下师生之间的快乐，尤其是来自课堂的快乐。这一个个课堂的花絮，开在教育教学生活中，它是那么明媚、灿烂。

52. 偶遇课堂的幸福

在师生关系中，幸福常常会不期而至。今天，我就偶遇了幸福。

又到了学期末，回想一年来的工作，我突然想念我去年任教的2016级6班的学生们。尤其是这个班在学校刚刚举行的国学经典诵读大赛上，取得了第一名的好成绩！我本是评委老师，但因临时有事，没能欣赏到孩子们的精彩表演，甚为遗憾！我总想找个时间弥补这种遗憾，分享一下孩子们的快乐。

生活的美好就在于你想什么就会来什么。下午上课前，突然有个老师打电话给我，非常急迫地说他家里有急事，让我去6班替他上课！天赐良机，我既高兴又激动，已经有一年时间没给这个班的孩子上课了！我见了学生们说什么呢？如何上这节课？我来不及多想，拿起扩音器就奔到6班去了。

到了楼梯口，三个女生得知我来上课，激动得惊叫起来，不由分说把我“绑架”到班里！

当我站到讲台上时，70 个女生爆发出雷鸣般的掌声！我与孩子们好久不见了，她们用掌声表达着对我的思念和欢迎。我亦是激动得一头汗，站直身体，铿锵有力地说：“上课!”70 个女生齐刷刷地站起来，震耳欲聋地喊道：“老——师——好!”

“孩子们，我想你们了！首先祝贺你们这次国学经典诵读大赛取得好成绩。荣誉和快乐暂且先放到一边，期末考试就在眼前。等暑假回来，你们就成了高三党了，高三党是一个辛苦的党！（学生大笑）

“孩子们，还记得去年我和你们说过的吗？女孩子如何改变自己的人生？女孩子想改变自己的人生有两次重要的机会：一次是高考，一次是婚姻，前者是后者的基础。虽然说高考不是人生唯一的出路，但在当前的教育体制和社会体制下，这是一条很重要的出路。上大学不但意味着学到更多的知识，更是一段不可或缺的人生经历。大学的文化氛围会使一个人得到精神和灵魂的熏陶，这才是最重要的！孩子们，当你们拥有了文化的气质，你们就拥有了人生的底气。这种底气不但关系到你自己的谋生，还关系到影响你一生的婚姻的质量。

“孩子们，当你们将来成为一名成功人士时，你会选择和一个没有多少文化的男人共度一生吗?（学生不约而同地说：‘不会!’）是啊，肯定不会，犹如我的另一半，那是和我有共同语言的人，就算是吵架也吵得有艺术！比如我告诉我爱人，以后少喝酒，少吸烟，多活几年，别走在我前头。我爱人曰：‘我卒，汝坟已有合抱之木!’看看，多文艺!（学生大笑）

“孩子们，未来的时代是知识的时代，是用知识谋生的时代。先不给你们讲大道理了，我给你们讲一个这几天让我难受的事情。

“我家楼上住着两位老奶奶，她们是附近农村拆迁搬过来的，姑且称呼为胖奶奶和瘦奶奶吧。我发现这两位老奶奶喜欢捡垃圾。胖奶奶每天在楼下的垃圾桶里翻找食物，馒头啦、油饼啦、面包啦……胖奶奶把捡到的这些发霉变质的食物堆积到楼道里不知做何用途。孩子们，如果这位胖奶奶有退休金，她还会这么做吗？（学生们异口同声地说：‘不会！’）

“那位瘦奶奶和胖奶奶有分工，瘦奶奶光捡垃圾，比如饮料瓶啦、报纸啦、纸壳啦……最让我难过的是，瘦奶奶每天捡垃圾时还带着一个2岁多的幼儿，孩子又脏又瘦，好像也是从垃圾桶里捡的！同学们，如果瘦奶奶的生活条件很好的话，她会这么做吗？

“所以说，孩子们，一个人要改变自己的命运只有靠自己。咱们班的小凤同学就是大家学习的榜样！当你们在玩手机的时候，小凤在学习；当你们化妆的时候，小凤在学习；当你们逛街的时候，小凤在学习；当你们上课聊天的时候，小凤在学习；当你们在寝室玩闹的时候，小凤在学习……小凤正在用自己的实际行动努力实现自己的梦想！我们分别这一年来，我也在努力学习啊！我的散文被出版社收录出版，我的诗作也被《中国当代诗经十二家》收录出版。（孩子们的掌声响了起来）

“努力了，不一定会成功，不努力一定不会成功。努力了，我们将享受努力的过程，不努力我们会后悔青春的放纵。暑假就要到了，孩子们，除了吃好玩好，一定不要忘了给自己一个努力的时间和机会，青春是用来奋斗的，而不是用来享受的！

“下课！”

孩子们再一次齐刷刷地站起来，用震耳欲聋的掌声和我道别，我带着幸福与满足和孩子们挥手告别。

教育生活的幸福无处不在，在我对教育的痴迷中，在我对学生的痴迷中。

53. 幸福的一天

教师的幸福来自哪里？前几天看到一篇文章说：教师的幸福 90% 来自和学生在一起的幸福。我深以为然。

这天早读时，我和 2017 级 12 班的学生们一起读书，当我走到苗苗同学身边时，她正在背诵柳永的《雨霖铃》，我便和她一起背诵：寒蝉凄切。对长亭晚，骤雨初歇。都门帐饮无绪，留恋处、兰舟催发。执手相看泪眼，竟无语凝噎。念去去、千里烟波，暮霭沉沉楚天阔。　　多情自古伤离别，更那堪冷落清秋节！今宵酒醒何处？杨柳岸、晓风残月。此去经年，应是良辰好景虚设。便纵有千种风情，更与何人说？

当我们背到最后一句“更与何人说”时，苗苗竟改成：更与旭霞说！我俩击掌传情，这是我与她之间的默契和快乐！

下了早读，走到二楼楼梯口，振博像一只欢快的小兔子一样跑到我面前：“老师，我想您了！”“我也想你了，孩子！”随后我主动伸出手和他击掌，会心一笑。

上午第三节在 2018 级 13 班上课，给学生讲《职业理想的作用》时，教材中有个案例，讲的是郑雯同学的调酒师之梦。我问同学们什么是调酒师时，一个学生说：“调酒师就是摺酒瓶子的！”全班同学哄堂大笑，我也忍不住笑着说：“那么调酒师都调的是什么酒？”一个学生又说：“老师，啥酒都能调！”我依然笑着说：“你老爸在家喝酒时，你千万别把你老爸的‘二锅头’‘老村长’和‘闷倒驴’勾兑到一起调啊！”另一学生又说：“那就喝蒙了！”全班学生又是大笑，一个男生笑得前仰后合，这个班的孩子太有趣了！

下午第二节在 2018 级 12 班上课时，依然是欢乐不止。我提问时询问一个学生的名字，他说他叫夏祎辉，我听不清，又问，一学生说："老师，他叫'下一回'！"全班大笑。"这个名字我记住了，下一回。""下一回"同学刚坐下，一个女生站起来说她叫李想（理想），我说我知道你叫李想，另一个女生赶紧说她叫李由（理由），此时我觉得此事有诈，我也调皮地笑着说："其实我不叫王旭霞，我叫李论（理论）！"全班大笑。

下课后，两个女生拦住我说："老师，我们想您了，我们就去办公室找您，没找到您！"我温情地说："我只要不上课都在办公室，可能我去上课了，所以找不到我。"

第三节课在2017级12班上课，这个班现在的学习氛围和课堂氛围特别好。课后苗苗同学找我聊天，聊眼前的迷茫，我告诉她，无论怎样，我们都要保持内心的明净，内心要独立，对世界要有一些清醒的认识。读书吧，孩子，读书可以让你的内心安宁、快乐。

苗苗笑时脸上露出一个深深的酒窝，可爱的苗苗同学只有一个酒窝。

晚自习，我在2018级11班坐班，学生们正安静地学习，我坐在讲台上批改作业。当批改到一个女生的作业时，只见这孩子在作业本上给我写了一封长长的信。大意是她非常喜欢写作，小学、初中时也得到了老师和同学的肯定，后来一个语文老师说她写的文章越来越让人看不懂了，她很伤心，就开始厌倦写作，甚至想放弃！我给这个孩子写了半页的读后感鼓励她。

我放下笔，感慨良多，一个老师对学生的成长会产生多么大的影响啊！哪怕是一句不合适的话或者是无意中的一句话，想到这里，我忍不住把这个女生叫到讲台上，告诉她："你的文笔依然很棒，一定要坚持下去，一定要多读书。"这个孩子笑了，青春的面孔闪着光芒，我想她一定会在写作的道路上继续走下去的。

第二节晚自习上课了，我站在教室门口准备关门，隔壁班我的一个学生路过，这孩子看见我不走了，竟然开启了赞美诗般的演讲："老师，您今天越发漂亮了，您知不知道您像20多岁的小姑娘一样美！"我笑着说："赶紧回教室去吧。”这孩子莫名其妙的赞美也让我莫名其妙地幸福。

下了晚自习，下楼时，学生们问好的声音和道晚安的声音令我应接不暇，我一声声回应着：“你好，你好，晚安，晚安，孩子们晚安！”

下到一楼时，突然一个女生站到我身边说：“老师，我也要当作家！”我说：“好啊，老师看好你！”这个女生高兴地走了，我不知道她是我一年级的学生，还是二年级的学生，抑或是三年级的学生，这都不重要，重要的是：她一定是我的学生！

是的，这些都是我的学生，我可爱的学生，每天给我快乐和幸福的学生！

54．“课迷”王老师

这个世界上有各种痴迷之人，我们最常听到的是财迷、情迷，鲜少听到课迷之说。何为“课迷”，我将其定义为痴迷上课的人，也就是痴迷教学的老师。

本文记录了我作为“课迷”的几件趣事，这些趣事是我与孩子们之间相互痴迷的师生关系的体现。

2016级6班和7班是我上学期教过的两个班，因为要去做别的工作，这两个班的课停了，孩子们那恋恋不舍的表情一直让我无法忘怀。这学期两个班合班了，学校又安排我教这个合班，孩子们一直追问我教不教她们，我都说保密。其实，对于是否接这个班的课，我的内心是极其矛盾的，因为我带的课太多，有时着实感到精力有限，力不从心。但由于对这个班学生的思念和对这个班课堂教学的喜欢，我还是接下了这个班。

开学第一天，我拿着课本故意遮挡着脸走进教室，孩子们的尖叫声和雷鸣般的掌声瞬间响起来！我的心情也激动起来，我们互诉离别之情。我说：

“同学们，我想教你们也不想教你们，想是因为我想大家了，不想是怕辜负了你们的期望！在你们面前，我已经是黔驴技穷了，我都不知道该怎么讲课才能让你们喜欢！”孩子们大笑：“老师，您怎么讲课我们都喜欢，不讲看着你也行。”

怎么能不讲呢？对于课堂教学的敬畏始终让我不敢懈怠，不但要讲，还要努力讲好。

这一讲就讲了四节课，一个班接着一个班讲，当第四节课讲到2017级15班时，讲得我已经大脑缺氧了。下了课，孩子们不让我走，第五节是个错时吃饭的小自习（学校学生多，实行错时吃饭），学生们不让我走，非要加课！好吧，把嗓子豁出去了，加课。

累不累？不累是假的，但这是一种快乐的累，为了学生，我愿意。

这种愿意常让我沉迷其中，难以自拔。

某天上午坐在办公室备课，突然想到自己该去上课了。9点半，我背上扩音器，拿着课本、水杯急匆匆地去上课。我走在校园里，发现校园里很安静！突然铃声响起，难道我迟到了？紧张之余突然反应过来，第二节才下课！半个小时大课间开始了。下课的同事看到我来上课都笑了。我告诉他们我就是来和学生们玩呢！

下了第一节课，直接上二楼去上第二节课，学生们看见我说：“老师，咱班的课是第三节！要不您把这第二节课也上了吧！”

痴迷课堂，痴迷学生，为伊消得人憔悴，衣带渐宽终不悔。

这些事与你有关吗？无关！那你为什么还要这样做？因为喜欢！上午四节课时间辅导了三个班的学生国学经典诵读节目。

辅导到14班时，有调皮的学生问我：“老师，您不会当间课吧？”我笑着说：“你们见过这么辛苦又无所图的间课吗？王老师是要竭尽所能提高你们每一个班的节目质量。”

第四节课，苏老师握住我的手说：“王老师，你别走啊！再给我们辅导一节课。”

我不走，学生需要我，我就留下。

不但留下，我这个“课迷”还总是情不自禁地给学生上课。

某天中午，临时替常老师上一节课，2018 级 10 班的课。常老师说，让学生做卷子，你只管看自习就好。

早早来到教学楼，孩子们看见我，认识的不认识的都热情打招呼。当我走到 10 班时，学生惊讶了：“老师，您来上课吗？”我微笑着点点头。

我问同学们：“你们认识我吗？”学生异口同声地回答：“旭霞老师！”

作业布置下去，学生都开始安静地写作业，也有一部分孩子看着我发呆。此情此景，我那好为人师的毛病又出来作祟，虽然感冒难受，但这是我与学生之间难得的一次机会啊！我试探性地问学生：“同学们，王老师给大家上节课吧？”孩子们爆发出热烈的掌声。

从梦想到现实，从就业到升学，从现在到未来，用我一贯的王氏幽默给学生们讲起了人生，学生们听得聚精会神，间或爆发出一阵阵笑声。

不知不觉，竟讲了一节课，仿佛又完成了一个使命一般。

教育，需要一些使命感，对教育教学的痴迷，也许就是我这个“课迷”的教育使命感吧！

55. 做一棵幸福的小草

在给学生讲第一课《塑造自己的良好形象》时，书中有一首小诗引起了我的共鸣：

也许你想成为太阳，可你却是一颗星星；

也许你想成为大树，可你却是一株小草；

也许你想成为大河，可你却是一泓山溪。

做不了太阳，就做星辰，在自己的星座发热发光；

做不了大树，就做小草，以自己的绿色装点希望；

做不了伟人，就做实在的自我，

平凡并不自卑，关键是必须做最好的自己。

不必总是欣赏别人，也欣赏一下自己吧！

这首《欣赏自己》让我陷入了沉思中，我们职业学校的孩子，多半是自卑的，这种自卑来自功利性教育价值观的扭曲对孩子们造成的伤害。这些孩子来到了职业学校，卸掉了应试教育的枷锁，我们看到了每个孩子内心的光亮。其实，每个生命都有努力向上的渴望，但每个人的天资和后天的成长环境不同，造成个体发展的不同，这本是生命成长的正常现象。我总说，有些孩子注定要成为参天大树，我们就让他成为大树的样子，而有些孩子注定要做一棵小草，那就让他做一棵幸福的小草有什么不好呢？我挥笔写下了这首诗：

做一棵幸福的小草

曾经我渴望大海的沧桑

生活只让我看到了河的徜徉

河的徜徉何尝不是美丽的波浪

曾经我渴望雄鹰的翱翔

生活只让我看到了家雀的欢畅

家雀的欢畅何尝不是幸福的向往

曾经我渴望太阳的光芒

生活只让我看到了月色的迷茫

月色的迷茫何尝不是爱情的跌宕

曾经我渴望大树的雄壮

生活只让我看到了小草的流浪

小草的流浪何尝不是自由的标榜
我就愿做一棵自由的小草
仰视大树的雄壮
享受月色的迷茫
体味家雀的欢畅
在河的徜徉中感叹海的沧桑
这就是小草幸福的模样

56. 难忘的一堂课

一次偶然的机会，与滑县赵校长相识，在与赵校长握手问好时我自报家门。因为忙着上课，而后我便匆匆离开了。

让我没想到的是，没过几天，赵校长竟联系上我，要我去他们学校给学生们上堂课。赵校长说学校是一所初级中学，我还没给初中的学生上过课，我怕辜负了赵校长和学生，但赵校长诚恳的态度让我决心试一试。

初中的教材我没接触过，想到家里的侄儿正在上初中，我便把侄儿初中二年级的道德与法治课本拿来。讲什么？讲哪一课？我翻阅了一下课本，我想我应当跟着教材进度讲。侄儿说他们该讲第七课了，我翻开第七课《积极奉献社会》。看到这一题目，我陷入了沉思，积极奉献社会，我们青少年该如何奉献社会呢？我决定给学生们讲这一课。

周一的早晨，如约来到赵校长的学校。看到校园里欢快的学生们，我的心情放松下来。记得一位校长说过，一所学校好不好，看看学生脸上的表情便知。

我提前来到多媒体教室，学生们有序进入教室。让我没想到的是教室后面老师们坐得满满的，甚至还有的老师挤在门边等着听课。

孩子们一个个仰着天真无邪的小脸看着我，上课铃响了，我面带微笑地说："同学们好，上课!"

"孩子们，这节课由我来给大家上，我们今天讲第七课《积极奉献社会》。积极奉献社会，貌似是成年人的事情，那么我们青少年该如何奉献社会呢？对于我们青少年学生来说，学会关爱他人就是奉献社会。20世纪90年代有一首歌非常流行，当然那时候你们还没出生呢，这首歌的名字是《爱的奉献》。"说完，我便唱起了这首歌：

这是心的呼唤
这是爱的奉献
这是人间的春风
这是生命的源泉
在没有心的沙漠
在没有爱的荒原
死神也望而却步
幸福之花处处开遍
啊——啊——
只要人人都献出一点爱
世界将变成美好的人间

当我唱完这首歌曲时，教室里响起了热烈的掌声，这掌声让我立刻进入课堂状态，我打开课件。

"孩子们，当每个人来到这个世界上时，我们便生活在爱的世界里，我们享受着妈妈的爱，享受着爸爸的爱，享受着老师的爱；我们享受着同学之间的爱，甚至也会享受到陌生人的关爱。今天，我们着重讲一讲如何关爱的问题。课文中有这样一个案例：小鸣需要借陌生人的电话给妈妈打电话。那么，我们如何寻求陌生人的帮助呢？陌生人会不会向我们伸出关爱的手呢？"

我的课堂设计是要学生上台展示的，展示如何向陌生人求助。因为这是原生课堂，我不知道学生的情况，一切都在不可掌控之中，但我喜欢这样的课堂。我面带笑容地说："孩子们，让我们还原一下小鸣同学是如何向陌生人求助的，给大家两分钟时间看看课本案例，然后请三名同学来讲台上展示，一个扮演小鸣，一个扮演阿姨，一个扮演叔叔。"

孩子们认真地看着书，我不知道接下来会发生什么。在我的认知里，农村的孩子们是内向、拘谨的，如果学生们都不举手合作的话，我该怎么收场？但我对自己的课堂是自信的，正当我笑眯眯地看着学生时，已经有几个学生举起手了！

扮演小鸣的男生落落大方地走到扮演阿姨的女生面前说："阿姨，我能借你的电话用一下吗？"阿姨说："借我的电话抓嘞？（方言，干什么的意思）"女生的话音刚落，整个教室的师生都笑了，我也忍不住笑了。小鸣说："我给妈妈打个电话，我坐车坐过站了，让妈妈来接我。"阿姨摆弄着姿势说："这是谁家的孩子，恁不操心嘞！给你电话，赶紧给恁妈打个电话，多亏遇到我，遇到坏人还要把你拐走哩！"教室里又是一片笑声，这女生的表演天赋不得了，我把准备好的奖品日记本当场发给了这个女学生。

小鸣成功地借到电话，得到了陌生阿姨的帮助。本来这个案例到此就可以收尾了，但我给孩子们往安全教育上引导了一下："孩子们，小鸣为什么向阿姨借手机，而没有向叔叔借呢？"一个男生站起来说："因为叔叔太擦火！"该生的话引得教室里又一片大笑！"擦火"是我们这一带的方言，就是厉害的意思。我故作惊讶地说："哇，原来我们这里也用'擦火'这个词啊，那咱们这个课就更好讲了。同学们在向陌生人求助时一定要远离'擦火'的人！这关系到我们自身安全的问题。"教室里听课的老师和同学们都笑了，我看到有些老师笑得都流泪了。

接着，我继续讲道："同学们，在这个世界上，总有人默默地爱着身边的人，爱他人是一种幸福，也是一种责任。成都地铁 4 号线上，一个叫吴松的哥哥一边听音乐，一边用手扶住一个陌生叔叔的轮椅，默默地做着好事。旭霞老师也一直秉承与人为善的处世态度，也是在你们这个年龄，当我看到流浪汉在寒风里冻得瑟瑟发抖时，我回家把自己的新棉裤拿去给他穿上；当我看到同学的鞋子烂得露脚趾时，我带领同学们募捐，给这个同学买鞋子……我们要学会关爱他人，关爱传递着美好的感情，给人带来温暖和希望，是维系友好关系的桥梁；关爱是社会和谐稳定的润滑剂和正能量；关爱他人也是关爱和善待自己。那么，我们如何关爱他人呢？关爱他人也是一门艺术，我们要遵循以下三点原则：一、关爱他人，要心怀善意；二、关爱他人，要尽己所能；三、关爱他人，要讲究策略。”

我用幽默的语言和与生活相关的具体事例来讲述课本中的道理。学生们都踊跃发言，积极互动，课堂气氛十分活跃。我和学生们已经完全沉浸在课堂的快乐之中，包括听课的老师，有的人挤在教室门口，有的人站在窗户外面……这一间小小的教室，成了我们快乐的天地，不知不觉中，一节课就结束了。最后，我还用那句歌词结束了课堂：“只要人人都献出一点爱，世界将变成美好的人间。孩子们，I love you！”没想到学生们齐刷刷地回应我：“I love you too！”

下课了，奇迹再次出现，一群学生围过来，如快乐的小鸟一样围绕在我身边：“老师，您什么时候再来啊！”“老师，我们不想让您走！”“老师，上您的课太有趣了！”

那一刻，我脑海里闪现出李谷一老师的《难忘今宵》，我和学生们也难分难舍。至今，这难忘的一堂课仍然在我心灵深处珍藏。

后记：讲完课后，我就匆忙回自己的学校了，还没到单位，赵校长学校的李兰芝老师就给我发来一篇文章。李老师的文笔让我惊叹，李老师的赞誉让我有些紧张，其实我只是一个普通的老师，一个喜欢学生、热爱教育的普通老师。

57. 巧克力课堂

对于课堂教学，我曾经打过一个比喻：课堂教学犹如吃红烧肉，红烧肉固然好吃，但倘若一天吃三顿，师生都会腻，甚至反胃的！这就需要我们老师要像厨师一样不断地变换菜谱以满足学生学习口味的需求，激发学生的学习兴趣，这也是课堂教学的需要。

本周，我要给二年级的学生换换课堂口味。

周三上午第四节是美女班的课，我站到讲台上温柔地看着我的美女们说："孩子们，我们今天要上一堂特殊的课。"我的话音刚落，小柯就大声说："老师，您可别逼我们学习！"全班学生大笑，我也笑着说："哎哟，小柯，这一年多来，王老师何时逼你们学习过？好吧，我今天就逼大家一回。（学生大笑）孩子们，我们这一节课集体备课！每个人都写教案，下节课你们来讲课，评选优秀小老师，发——重——奖！"当我一句一顿地说完这句话时，同学们热闹起来："老师，发什么重奖？"我反问大家希望得到什么重奖？孩子们七嘴八舌地讨论起来，最后大家一致要吃德芙巧克力！我故作惊讶地问："你们是要王老师破产吗？"学生大笑！ "好，王老师豁出去了，德芙就德芙！"

美女们马上拿出课本和作业本开始备课。小柯又发言："老师，教案怎么写啊？"我故意调皮地说："小柯，你不用写教案，我可不逼你学习哦！""老师，人家现在想学习了，赶紧让我看看您的教案吧！""那好吧，这是你自己要学习的哦！"我一边说一边把教案递给小柯，同学们大笑。

周四下午第一节是我们这个美女班的第二个课时，我的诺言是要兑现的。放学后我赶紧去超市买德芙巧克力，我知道德芙巧克力挺贵的，可当我看到价格时还是吓了一跳：小小的一盒德芙巧克力居然要50元！给学生花钱，舍得！我买了3盒巧克力，加上两袋米花果，共花了180元。

当我站在讲台上俏皮地把德芙巧克力拿出来时，正在唱课前歌的美女们瞬间鼓起掌来！

第一排的佳明说："老师，您像我们的妈妈一样好，总感觉对不住您的爱！您激励着我们好好学习。"

上课铃响了，师生问好后，我笑眯眯地问："同学们，准备好了吗?"

"准备好了！"这声音回答得震耳欲聋。

"那谁先来当小老师呢?"

梦迪同学先举手了，我真没想到梦迪同学讲得这么好，比我讲得要好，头头是道，条理清晰，颇有教师的风范！她还与学生互动提问。回答问题的学生，我则奖励米花果。我提着米花果袋子在班里来回穿梭，开心地当服务员。对于梦迪老师的提问，孩子们的回答也是五花八门，教室里充满了欢声笑语。

梦迪同学讲了半节课，真的很像一个老师。

大约是梦迪讲得太好了，其他同学都不敢举手了。我扫视了教室一圈，突然问："小柯，你不是要吃德芙巧克力吗?"胖胖的小柯站起来："德芙是我的！哼！"说完雄赳赳气昂昂地走到讲台上。同学们大笑！小柯老师严肃认真地说："谁再笑就给我站起来！"同学们笑得更厉害了，小柯老师拿书捂着脸说："恁再笑俺都害羞了！"

嬉闹了一番，小柯老师开始讲课了，虽然是照本宣科，却宣得有板有眼，她那一本正经的样子令同学们忍俊不禁。小柯老师佯装生气了，把念念同学叫起来："念念，你笑什么?"念念说："柯老师啊，我觉得你今天好美啊！美若天仙！"小柯捂着脸大笑，对我说："老师，您应该给念念发个米花果，她今天说得很对！"全班又是一阵大笑。

不知不觉就下课了，而同学们却还沉浸在课堂的快乐中。这节课我也笑得花容失色，腮帮子都笑痛了！

接着，我来到种植班继续上课，继续翻转课堂，让学生来当老师。第一个举手的是振豪同学，振豪走到讲台上，严肃地讲起课来：“什么是民主？公平、公正就是民主。我认为生活中有很多不民主的地方，比如课堂上为啥不让我睡觉？不让我说话？这就是不民主！”同学们被他的话逗得哈哈大笑！尤其是一凡同学，开始打趣他。振豪板起面孔，学着老师的口气警告一凡：“一凡，你闭嘴！”全班又大笑！

振豪讲完，一凡就按捺不住了，站到讲台上开始以提问的方式讲课。聪明的一凡同学专门提问一些简单的问题，同学们纷纷举手，我则手忙脚乱地发米花果。不一会儿，我就识破了他的伎俩，故意把米花果袋子搂在怀里，学生又大笑。

生动美好的课堂总是短暂的，学生们的能力也让我欣喜且深思：我们需要不同的课堂教学，我们要在教学中不断地探索和尝试。

如果要给这堂课起个名字的话就叫巧克力课堂吧！

58. 拿着红萝卜缨子去上课

在课堂教学中，我喜欢那种原生课堂闪现出的灵感，迸发出的火花，这火花不但能点燃课堂教学，有时也点燃了我对教育教学思考的火苗。

给 2018 级 13 班的孩子们讲《发展职业生涯要善于把握机遇》一课，课本案例是现代农民小陈的故事。该故事讲述了小陈种菜、卖菜的创业之旅。我灵感乍现，到教室外的花园里掐了一棵野菜，让孩子们即兴案例演练。

同学们看到我手里拿的野菜，瞬间兴奋起来，纷纷要求上台展示，敏学和佳彬先上来表演。敏学扮演饭店老板，佳彬扮演小陈，当敏学这个饭店老板用手指着不善言辞的蔬菜推销员小陈刁难时，引起全班学生大笑。作为饭店老板难道就这样对待一个蔬菜推销员？被指点的卖菜者小陈却还十分高兴，他说要始终微笑地面对客户。

他俩的表演把全班同学逗得乐翻了天！这些从农村来的孩子，却有着一种天然的表演天赋，令人惊叹。

放学后，我想，下午一年级的课也要这么上，锻炼学生的表达和表演能力。在放学的路上，遇见一个卖菜的大姐，看到她那一车鲜艳的红萝卜缨子，我又来了灵感。我向大姐要了两棵红萝卜缨子。大姐问我干啥用？我说给学生上课用，大姐很感动，还交代我要把萝卜缨子洗干净。

下午第一节课是二年级的课，本不用这个萝卜缨子道具，因为两个年级三节课连上，再回办公室拿萝卜缨子来不及，我就拿着它们去上课了。

当我拿着洗干净的红萝卜缨子先到2017级14班上课时，走进教室，大家立刻被我手里的萝卜缨子所吸引。同学们围拢过来，大家纷纷猜测，有人说是芹菜，还有人说是香菜。调皮的小燕同学一副哲学家的模样深沉地说："说是芹菜吧，叶子有些小，说是香菜吧，叶子又有些大！这到底是个什么物种呢?"她调皮的模样惹得大家都笑了。而我却笑不出来，这些农村来的孩子，居然不认识此为何物?

第二节到2018级12班上课，又上演了一番猜测这是什么物种的大戏。大家还是觉得不是芹菜就是香菜。有的同学还揪下来叶子尝了尝，尝过以后就迷惑了：既不是芹菜的味道，也不是香菜的味道，甚至又给它们起了一个新的名字：芹香！

同学们拿着"芹香"开始演示小陈卖菜的故事。当某同学说这是科技杂交新品种，是芹菜和香菜嫁接后生下的芹香，芹香具有芹菜和香菜双重的营养价值时，孩子们都笑翻了。我也乐了，如果同学们真能培育出芹香也是好事啊！

第三节是2017级计算机班的课，原本想把这缨子扔掉的，但没舍得扔，又带到了班里。大家还是说是芹菜或香菜，甚至有学生用手机上的植物识别软件检测，结果软件也蒙了，也识别为芹菜，我也无语了。

课后，我看着这一把绿油油的萝卜缨子陷入了深思。记得我小的时候，家里穷，母亲总是在红萝卜上市的季节把萝卜储存起来，萝卜缨子是不舍得扔的，洗净沥干用干面一拌，上笼蒸几分钟，用辣椒油或者蒜汁调拌，那是童年难得的美味啊！直到现在，我还总是怀念那童年的味道。每到萝卜上市的时候，我与母亲总是在菜场寻找萝卜缨子，却不容易寻到。

现在的孩子可能也很少吃这种东西了，即使不吃，作为家常菜，农村也是普遍要种的，难道我们这些农村的孩子没下过地吗？没拔过萝卜吗？没见过家人连萝卜带叶子拿回家吗？

虽不识得红萝卜缨子，但对于明星八卦，孩子们却如数家珍，这令我忧心，我也总在教学过程中试图纠正孩子们这种偏离的价值观。

再者，家庭教育负有不可推卸的责任，无论城市还是乡村，家长都一味地溺爱孩子，很多孩子都被惯得四肢不勤，五谷不分。

我们的学校教育也有不可推卸的责任，我们只关注考试知识的灌输，而忽略了生活常识的教育。

一把小小的红萝卜缨子，折射出了我们教育的缺失。

59. 未来　职业　梦想

这天，我给2018级13班的学生讲第一课《面向未来的职业生涯规划》，在制作课件的时候，我把课题改成了《未来　职业　梦想》。

上课铃响了，学生们坐得端端正正，今年这一届学生素质非常高，令人欣慰。

讲课之前，我先引入两个小故事，一个是不孝子向母亲索要钱款不成而殴打母亲的案例，一个是海归博士啃老啃了20年的案例。通过这两个案例告诉同学们，我们从现在开始就要规划自己的未来和职业，将来能够谋生养活自己，养活家人，在此基础上，我们人生的梦想才会有生长的土壤。说到这里，我话锋一转："孩子们，你们来职高的目的是什么？"

学生们七嘴八舌地开始讨论，大家无非是一个目标：学一门技术，将来挣钱养活自己。我反问学生们："你们有没有想过自己将来有一天会从我们学校走出去，走出国门，走向世界，为国家争光……""老师，那是做梦，吃错药了！"学生一片哄笑。我也笑着说："那请同学们翻开课本，看看职校学生裴先锋同学如何从一个普通的职校电焊专业的学生成长为世界技能大赛优秀选手的。"

当学生看完案例，我问学生们："裴先锋为什么选择职业学校？"学生答："因为家里穷，想来职业学校学一门技术，早点就业。""那么，孩子们，当初裴先锋同学进职业学校的时候，他有没有想到自己将来会成为世界技能大赛的选手，还夺得了银牌，填补了我国在世界技能大赛上零奖牌的空白？""没有！""那么，裴先锋有没有想到有朝一日会受到习主席的接见和鼓励？""没有！"

同学们，人生的路是一步一步走出来的，在行走的过程中，梦想的种子不知不觉中也就生根发芽了。

说到这里，我在黑板上写下了："行远自迩，登高自卑"8个字。我告诉同学们这8个字是《中庸》中的一句警世名言，其意思是说，要想走很远的路，实现远大的目标，就必须从近处开始；要想登上高山之巅，极目远眺，一览众山小，就必须从山脚起步，一步一步攀登，不可能一下子跳到山顶！突然有一个学生接了一句话："老师，可以从山顶一下子跳下来！"学生一阵大笑，我也笑着说：“虽然可以，但是万万不能！”

紧接着，我给学生讲了我的故事。为了实现自己的文学梦、教育梦，我在假期里一边伺候着两个病人，一边还写了十几万字的书稿，教室里响起了热烈的掌声。

课堂是紧凑而生动的，同学们都聚精会神地听我讲课，或凝思或欢笑，都沉浸在课堂的欢乐中。突然，我发现一个学生有些发困，眼神迷离，我走到他身边，温柔地说：“What is your name?”该生迷迷糊糊地说：“老师，我叫天池。”“哦，天池同学，我现在任命你为民航飞行员。”学生一阵大笑。我接着说：“今天早上8点是你从郑州飞往吉林天池的飞行班次，但你昨天晚上喝醉了，迷迷糊糊飞得难受，到了黄河上空睡着了，结果连人带机飞到黄河里去了。”学生大笑。天池同学说：“老师，不会的！”“怎么不会呢？我讲这么有趣的课你都能睡着？”天池同学不好意思了。我接着说：“同学们，无论什么行业和岗位，都担负着一定的社会责任，万万马虎不得，学习也同样如此……”

“职业内涵的另一个重要的内容是自我价值的实现，我在自己的职业生涯中，努力实现自己的价值，并从中体会到了快乐。今天，我就问大家一个问题，虽然我们在一起只上了三节课，那么孩子们，你们和王老师在一起开心吗？”同学们异口同声地回答：“开心！”“是啊，同学们，你们的开心和快乐恰恰就是我作为一个教师职业价值的一部分啊！我们今后在自己的职业生涯中，也要努力实现自己的职业价值，只有在追求自身和职业的价值中才能体会到这种快乐和幸福！”

我讲得声情并茂，同学们听得津津有味，这时下课铃响了，而我仍意犹未尽。

这种课堂的快乐让我沉醉而满足，这种满足感正是教师职业价值的体现，也是职业梦想的体现。

60. 老师　学生　课外书

我相信每一个老师都会遇到学生在课堂上看课外书的情况，面对这种情况，我们老师该怎么处理呢？处理好了没事，处理不好就会出事。

一天下午正准备下班，小张老师发起了语音聊天，张老师急切地说："王老师，占用你点时间，我有事向您请教。"我说："不急，慢慢说。"张老师十分委屈地说："王老师，我今天成了学生的敌人了，今天上课，有一个学生看课外书，我不让他看，他不听，然后我十分生气，就当着全班学生的面把他的书撕了！没想到惹了众怒，有学生大喊：'我们不喜欢你给我们班上课，你走！'王老师，我做错了吗？我该怎么办？"

听完小张老师的叙述，我平静地告诉她："学生上课看课外书固然不对，你做得也不对，你不但撕了学生的书，也撕了学生的心和自尊，你要给学生道歉。""我给学生道歉？"张老师疑惑地反问。"是的，你给学生道歉，在我们一贯的思维中，好像只有学生给老师道歉，老师又不是圣人，我们做错了事同样要给学生道歉。当然，道歉的同时也要指出学生的错误，二者结合。"小张老师沉默了。

关于学生上课看课外书，我的主张是因时而定或者说灵活机动，通常学生在课堂上看课外书，老师提醒一下是可以解决的。其实，老师在与学生沟通这个问题时也是一种教育智慧的体现，生硬的办法往往结出生硬的果实。

第二天，我决定在自己的课堂上现场演示一下。

第二天上午在幼教班上课，还真发现一个女生在看课外书，我站到她身边，给她抛了一个调皮的眼神，该女生立刻心领神会地笑着说："老师，我不看了！"我也故作潇洒地说："没事，可以继续看，你今天看课外书证明我今天的课讲得不好，不能吸引你的注意力，是我的错。”学生大笑，该女生赶紧把书放书桌里：“老师，我真不看了，您别自责。”“真不看了?”“真不看了!”在学生的笑声中我们继续上课，这个小插曲不但解决了学生看课外书的问题，还活跃了课堂气氛。

下午在计算机班上课，继续演示。

我发现倒数第二排的栋栋同学一直低着头，貌似在看课外书。我走过去一看，果然是。当我拿起这个学生的书时，令我很吃惊，这个学生看的是当代科幻小说家刘慈欣老师的科幻小说《三体》。我当即用欣赏的口气说：“栋栋，这本书很好啊，你能不能给大家讲讲里面的主要内容啊?”栋栋低头不语，把书收起来了。我以此为契机给学生讲科幻，讲智能时代，讲我们每个学生将来的生存和发展。末了，我对栋栋说：“课下把这本书看完，然后给同学们讲讲里面的内容，和大家分享一下。”

对于学生看课外书，我是不反对的，当然不是在老师的课堂上，是在自习课上。如果学生的作业完成了，或者说一时没有学习的兴趣了，我是允许学生看课外书的。阅读课外书籍是学习的一个重要途径，作为教师，要把握的是学生所看课外书的内容，什么书能看，什么书不能看。

一天晚自习，我在某班坐班，这个班有读书角，里面有许多不错的书，有时我也拿来看。那天晚上，茹茹同学在聚精会神地看书，表情很严肃，这令我好奇。我走过去问她：“茹茹，看什么书啊？这么入迷?”我的问话把茹茹吓一跳，她很紧张地把书收了起来。“怎么？连王老师也不信任了，给我看看吧?”茹茹犹豫不决地把书递给我。我随手翻看起来，这一看，我的心突然沉到了冰底！书里面描写的是不堪入目的色情内容，令人胆战心惊的谋杀、暴力……

“茹茹，老师说过，我不反对你们看课外书，我也不会没收学生的课外书，但你这本书，老师必须没收!”“老师，我不看了，我放起来，行吗?”我严肃地说：“这本书不能在你手里，你们这个年龄的学生是没有控制力的。”“老师，这本书是我用生活费中省出来的钱买的，让我看完吧?”我认真地说：“茹茹，我把书钱给你，买你的这本书，行吗?”茹茹不说话了，我也不会强制没收她的书，我转身走开了，坐到讲台上看着茹茹。

不一会儿，茹茹自己走到讲台上，还没说话，眼泪竟吧嗒吧嗒掉下来了，这是我没有预料到的。她把书放到我面前说：“老师，我把书交给您，我不看了，我错了。”我语重心长地说：“茹茹，老师也是从你们这个年龄过来的，这个年龄是身心发育的时期，不良的书籍也会带来不良的影响，老师不希望你们看这样的书，你们还没有把控自己的能力。”茹茹一边抹眼泪一边诉说：“老师，我妈妈爸爸都在外面打工，没人管我……”茹茹像个受了委屈的孩子，跟我诉说着她的家庭、她的烦恼以及人生的迷茫。孩子的眼泪簌簌而下，擦都擦不及，这是孩子在成长过程中缺少关爱的眼泪。

我知道每一个现象的背后都有其本质的问题，我和茹茹推心置腹地聊了一节课，不光是课外书，还有许多人生的问题。

这次课外书事件之后，我和茹茹之间的师生关系又进了一步，这孩子有什么心里话都愿意和我讲，我也愿意分享她成长中的酸甜苦辣。

因此，我们在处理问题时一定要注意方式、方法，处理不好，任何一个看似小的问题都会引起大的矛盾；处理好了，任何一个小问题都是一个教育的契机，抓住教育的契机会取得事半功倍的教育效果。

61. 我的三个电子班

在教育教学生活中，我们不知道自己会遇到什么样的班级，什么样的学生。无论怎样，教师都要竭尽全力做好自己的教育教学工作。本文是我和我半路接手的三个电子班的孩子们之间发生的故事。

（一）

学期过半，一位女老师因为预产期临近而请假，我接任了电子部三个班的政治课。有老师提醒我，这三个班可不同于我目前所任教的升学部的学生，这三个就业班的孩子全是男生，大班额，课难上，人难管，一言不合就凳子乱飞……我闻言大笑："哎哟，难不成我还要戴着头盔去上课吗？这么说，这三个班我还非接不可了！"

曾经有专家说过，越是有问题的学生，我们越要以研究的态度去对待。如何研究？对于教育教学，学生的学情分析是非常重要的，所谓"知己知彼，百战不殆"，我要提前会会这三个班的学生。

下午听完课，我顺道来到了 A 班。班里很安静，有人在梦游，对于我的到来没人有反应，不像我现在任教的班级里的学生看见我就欢呼。我在班里巡视了一圈后对大家说："同学们好，下周由我来给大家上政治课。"一个梦游的学生突然问："为啥啊？"我说："不为啥，就为了让同学们换换口味，不能光吃馒头，尝尝窝窝头的滋味。"那孩子白了我一眼，继续梦游。

我心想：小样儿，你等着，非让你喜欢上窝窝头的滋味不可！

本来今天是周末，我早该心急火燎地回外地的家了，但我决定今天不走了，晚上继续去另外两个班看看！

晚上自习课时，我按就近原则决定先去 B 班看看。

还没走到 B 班门口，乱哄哄的声音已经传入耳朵。我推开教室门，首先进入眼帘的是门口下象棋的三个学生，他们很专注，根本无视我的到来。我继续往教室里面走，全班六七十个学生，有说话的，有睡觉的，有吵闹的，有打扑克的……唯独没有一个看书学习的！这是我从未见过的情景！

我站在讲台上看着他们为所欲为，所谓讲台，就是讲桌的位置。这个教室原本是实验室（今年学生太多，把实验室用作了教室），没有讲台的，加之我的身高也不高，就淹没在这六七十个人高马大的男生中。我一言不发地站着，看着他们。往常，我这站讲台的招数向来是所向披靡，无往不胜的，今天却失灵了！我站了5分钟，似乎没有一个学生发现我的存在！我的心跳在加速，不知不觉中做出了一个令我自己也吃惊的举动：我一下子站到了讲桌旁边的凳子上，严肃地看着他们！

教室里瞬间安静了，大家瞬间坐整齐了！我慷慨激昂地对同学们说："孩子们，你们来咱们学校是干吗来了？是来玩的吗？是来浪费生命的吗？你们就这样无所事事，不觉得无聊吗？你们知道人生最大的痛苦是什么吗？就是无聊！今天晚上，王老师给你们布置个作业，写一写为什么来咱们学校。周日晚自习我来收作业。"

我带着一肚子气走出教室，站在走廊里深吸了一口气，平复了一下心情，继续往下一个班走。

我一边走一边习惯性地捡起地上的垃圾，不知不觉又来到了A班。A班依然很安静，我举起手中的垃圾问："孩子们，我手里拿的是什么？"学生们答："垃圾！"我又问："如果这是人民币你们还会乱扔吗？"学生们齐声说："不会！""好，以后你们再扔垃圾时就把垃圾想成是人民币！"学生大笑，那个白我一眼的梦游学生也笑了。

A班隔壁是C班，安静得不可思议，仿佛掉根针都能听见！同样都是就业班的学生，这差距咋就那么大呢？我走进教室，大家都在学习，没有人觉察到我的到来。我在教室转了一圈儿，孩子们才抬头看我，我调侃地说："同学们，你们没有发现教室里进来一个什么东西吗？”学生大声说：“老师，我们发现进来了一个美女！”听到孩子们的话，我的自信又恢复了：“孩子们，看来你们的眼睛是雪亮的，那么请把你们雪亮的眼睛用在书本上吧，书中自有……”还没等我把话说完，孩子们接话：“颜如玉！”“那黄金屋呢？”“黄金屋在此！”“好，请同学们好好享受我们的黄金屋吧！”我挥手和同学们告别，孩子们掌声相送。

夜晚的校园，静谧而美丽，一轮弯月点缀在夜空中，我仰望着夜空暗下决心：无论多累，我都要给这三个班分别备课，因材施教！

（二）

周日晚自习时间，我按时来到B班收我布置的作业，还好，大多数学生都写了。当我看到学生写的稀奇古怪的作业时，我也忍俊不禁了。其中甲学生写道：“我之所以来咱们学校，是因为我妈妈只认识来咱们学校的路！”乙同学写道：“我来咱们学校就想学一门技术，然后回家娶个媳妇，生两个娃……”乙同学把“媳妇”的“媳”字写成上面一个“妇”，下面一个“心”。我看到这个字，第一反应是不认识，赶紧查字典，无果，遂根据上下文的意思判定是“媳妇”的“媳”字。看到乙同学的作业，我实在忍不住笑了起来，笑过之后我沉默了。

第一节课，我要给这个班上作业点评课。

周二上午第四节是B班的课，也是我第一次给这个班上课，我已经做好了迎接战斗的准备。当我雄赳赳气昂昂地来到B班门口的时候，发现班里十分安静！我轻轻地推开教室的门，惊讶地发现六七十个学生都端正地坐着，迎接我的到来，瞬间我产生了走错教室的错觉，有一种莫名的感动。

师生问好之后，我向学生们表达了感谢和提出了表扬，然后我告诉同学们：“我们今天这节课以不点名的方式讲评作业。首先，我们来看看甲同学的作业：‘我之所以来咱们学校，是因为我妈妈只认识来咱们学校的路！’”当我念完这句话时，全班同学哄堂大笑。我故作严肃地说：“这位同学的妈妈如果认识去北大的路该多好啊！”全班同学又哄堂大笑。我话锋一转：“但是，孩子们，你们将来会认识更多的人生之路，这人生之路怎么走？怎么选？将来要过什么样的人生？这是我们每个人都要思考的问题！”

教室里一片安静，我转身在黑板上写下了一个大大的字，上面是个“妇”字，下面是个“心”字。我问同学们这个字谁认识？有的学生开始查字典，有的学生一脸迷茫。我告诉同学们这个字是“媳妇”的“媳”字，学生们不淡定了，七嘴八舌地开始议论。

“同学们，首先，我向发明这个字的同学表达我的敬意，我认为他写的这个字是对的！‘媳’字，一个‘女’一个‘息’，这‘息’在‘媳’字中有两个意思，一个是滋生、繁殖的意思，也就是生养的意思；二是休息的意思。女人娶到家里生娃是肯定的，女人娶到家是休息的吗？在家里谁是干活最多的，谁是操心最多的？”学生异口同声地说：“媳妇！”“对呀，所以说媳妇就是操心最多的那个人，女子变成媳妇就成了一个操心的妇人了，发明这个字的同学太了不起了！”我的话音刚落，一个学生突然站起来说：“老师，这个字是我发明的！”

全班学生都笑了，我也笑着走到他身旁握住他的手说：“老师表扬、肯定你，但老师现在要问你一个问题：如果你将来给你未来的媳妇写信或者发信息，把这个字写错，她会怎么想？她会不会想，连媳妇的‘媳’字都不会写，还娶什么媳妇？”该生低下头说：“老师，我懂了，我会好好学习的！”我继续给学生讲：“同学们，这个媳妇的‘媳’字是形声字，并没有我刚才讲的意思，汉字的起源和构成都是有讲究的，这里面有大学问，我们万不可自己胡编乱造，所以必须认真学习、认真写字！”

这一节作业点评课生动有趣，课堂氛围特别好，也是从这节课开始，这个第一次见面让我发火的班成为我最喜欢的一个班。每次来上课，学生们都用期盼的眼神专注地听讲，讲到生动处大笑、鼓掌，但又能迅速地安静下来，这是一种严肃、活泼的令人享受的课堂氛围。

教育的作用往往是不经意间发生的，谓之曰：润物有时也须声。

（三）

课堂是师生共处的第一场所，经营好第一场所是经营好教学和构建师生关系的关键，在这其中，第一堂课尤其重要。

A 班是个汽修班，我就以汽车为话题开始了我的第一课。我调侃地说："同学们，我是个菜鸟司机，我开车上路需要全城戒严!"同学们大笑起来。我继续说："你们知道我为啥不敢上路吗？因为我家在外地，我怕车坏到路上啊，如果我会修车就好了!""老师，您再回家时带着我，我负责给您修车，您只需要管我饭就可以了!"学生又笑。我问："你现在都会修什么?""钣金!"学生又大笑。

从修车讨论到未来的就业，多数同学说将来到汽修店去打工，或者自己开个汽修店，对于未来更长远的人生规划是迷茫的，甚至没有规划。我告诉同学们，不想当将军的士兵不是好士兵，李嘉诚当初是卖塑料花起家的，马云当年也是个落榜生，我们每个人都应该有人生的追求……

那个白我一眼的学生又白了我一眼："追求啥？你有追求吗?"我笑着说："我当然有追求了，而且是一生的追求，我喜欢文学，我在努力不懈地写作。"他"切"了一声。我打开多媒体电脑，播放我写的诗歌，那个学生也不睡了，坐起来听，诗歌播放完，同学们响起热烈的掌声。

我接着讲："同学们，老师读马云的创业故事，被他的不屈不挠的创业精神深深感动，没有一个人会随随便便成功。有梦想的地方是地狱也是天堂，不埋怨，不抱怨，脚踏实地地学习，要向优秀的人学习，老师也一直在向优秀的人学习，昨天，老师加了马云的微信……"

当我说到这里的时候，学生们不淡定了："老师，您有马云的微信?!"我说："是啊！不相信吗?"我把手机打开，向学生们证实。那个白我一眼的学生跑到我面前盯着我的手机看："老师，真的哎!"（后来，我感觉自己加了假马云，这是后话）

第二节上课，那个白我一眼的学生不但不睡觉了，还和第一排的同学换了座位，坐在我眼皮底下。我问他："为啥换座位?"他说："我想近距离听您的课。"哈哈，喜欢上窝窝头的滋味了吧。

C 班和 A 班是两个并行的汽修班。第一次去 C 班上课时，班里有一股消毒水的味道，我询问原因，学生说有人得了疥疮，班主任做了消毒。有个学生问我怕不怕传染？我走过去，握住他的手说："老师不怕，咱们一起同甘共苦。"

我这手一握，瞬间拉近了和学生们之间的距离。课堂教学其实也是师生关系的构建，亲其师乃信其道，学生从心里接受并喜欢一个老师，直接影响着学生对学习的兴趣和热情。

新接手的这三个电子班，很快进入了正轨，课堂气氛良好。同时，我与学生之间也建立了深厚的感情。

爱是教育的底色，教师的专业素养和个人魅力是课堂教学的灵魂，我一直努力在路上。

62. 王旭霞老师的追悼会

作为一名职业学校的政治老师，我更愿意将自己定位成德育老师，因此，我所有的教育教学活动都围绕着学生的身心健康发展展开。在关注学生的身心健康方面，身与心缺一不可。通常，我的教学都是依据教材，围绕学生精神领域的成长展开，但我一直在寻找契机给学生们上一堂有关生命成长的课。

也是机缘巧合，有幸聆听了台湾心理学专家黄素菲老师的课。黄老师介绍的台湾在学生心理健康教育方面的理念和做法，使我深受启发，学生心理健康教育就是学生生命健康教育。

我决定给学生上一堂课：尊重生命，关爱生命。

正当我思考这堂课怎么上时，我的一个学生找到我说："老师，给您说件事，您别生气啊！"

我和颜悦色地问："什么事？"

该生说："老师，我们几个男生周日下午休息时，在学校花园里玩，有人堆了个土堆，我们突然觉得像个坟墓，就在上面插了根树枝，然后……"

"然后怎样？"我的心情不淡定了！

"然后，我跑到班里从晓晓桌子里拿了一张她的照片摆到坟头上，我们给晓晓办了个追悼会……晓晓知道了，气哭了，哭了半天！"

"如果换位思考一下，你生气吗？"我严肃地问。

"老师，我们原本是开个玩笑，没想到后果会这样，我们认识到自己的错误了，已经给晓晓道歉了。"这个男生愧疚地说。

我郑重地说道："这事往小了说是个玩笑，往大了说是对他人生命的不尊重，侵犯了他人的人格权。"

该生走后，我愈发意识到这堂课的重要性，当务之急是让晓晓同学释怀，不能让这孩子心里留下阴影。我突然心头一怔：就以王旭霞追悼会的形式上这堂课！

我把自己18岁时的黑白毕业照片做到课件里面，在照片两边写上了挽联：一声啼哭到人间，满腔真爱笑九泉。横批：爱在人间。

第一堂课来到事发班，我庄严肃穆地对学生说："孩子们，我们今天上一堂特殊的课，给王旭霞老师开追悼会！"

我的话音刚落，学生们不愿意了："老师，我们不要上这样的课！"

"孩子们，老师生前如果能够看到自己的追悼会，这也是一种荣幸。"

哀乐响起来，我的"遗照"出现在大屏幕上，班里肃穆沉静，有孩子开始抹眼泪，我的眼睛也湿润了。如果百年之后，我的学生能来参加我的追悼会，那我也真的能含笑九泉了。

正当我们沉浸在悲痛的气氛中时，一向调皮的小李同学抹着眼泪说："老师，您年轻时好漂亮，是不是有许多男生追您！"

小李同学话一说完，同学们都笑了，我也抹着眼泪笑了："是啊，这张照片是我18岁时照的，和你们现在的年龄差不多，也有调皮的男生追求我。"我一边说，一边观察晓晓同学的反应。我看到晓晓同学也笑了，我走过去拉着晓晓同学走上讲台。冰雪聪明的晓晓说："老师，我懂您上这堂课的良苦用心，我已经原谅他们了！"

我给了晓晓一个大大的拥抱："好孩子，同学之间发生一些故事是正常的，谁的青春都有故事，谢谢你的理解和包容。"

哭过了，笑过了，我开始给学生们上课。我从母亲十月怀胎讲起，当学生们看到母亲分娩的图片时，一片唏嘘。有学生说："老师，我奶奶说我是玉米地里捡来的，我真不知道妈妈生孩子这么痛苦！我们应该孝顺妈妈！"当学生们看到父母对孩子的辛苦付出时，都开始述说父母对自己无微不至的照顾；当大家看到有的人不珍惜生命自杀时，教室里一片哗然……

同学们，生命来之不易，我们一定要珍惜生命，关爱生命，同样也要珍惜他人的生命，关爱他人的生命！

当我再去给其他三个班上课的时候，诡异的事情发生了：不是课件打不开，就是哀乐放不出来！学生们说："老师，上天不收您，因为他老人家知道我们需要您。"

孩子们需要我，我就留下来！

最后一堂课是给美女班上课，恰逢那天学校要放假。通常学校放假或者双休都是上午上完四节课后，那天因为情况特殊要求学生提前离校。正当我们沉浸在追悼会沉痛的气氛中时，班主任老师进来要求学生立刻停课回家！不容置疑，学生们断然拒绝了，要求继续上课！班主任老师接连强调了三次要求立即下课回家，学生们拒绝了三次：

"老师，我们不走！我们要上完这节课！"

“老师，我们不走！我们要上完这节课！”

“老师，我们不走！我们要上完这节课！”

那一刻，我心潮澎湃，职业学校的孩子最盼望的不就是放假回家吗？而我的学生三次拒绝下课！

我和孩子们含着眼泪上完了这一堂课，开完了王旭霞老师的追悼会。

一般人都是忌讳谈死亡的，但是在学生面前，我已经把生死置之度外。

生活中每天都演绎着生死，只有与自己相关的人的生死才最触动人心。我与学生们之间的感情是深厚的，基于这种感情，王旭霞老师的追悼会引起了孩子们的强烈反响，他们开始懂得尊重、珍惜生命，这也正是我上这堂课的初衷和目的。

63. 校园的秘密

学校元旦晚会上，我的脱口秀《校园的秘密》是唯一的免检节目，没有参加任何一次彩排，但我没想到孩子们竟和我互动得那么默契，掀起一阵阵高潮。

当我走上台时，台下响起热烈的掌声，我充满激情地向大家问好：“亲爱的同学们，晚上好！”没想到孩子们热情地回应道：“老师好！”1000多名学生齐声回答，声震大厅，瞬间，气氛就调动了起来！

“亲爱的同学们，你们观察过我们的学校吗？”我话音还没落，学生竟回答：“没有！”“你们观察过身边的世界吗？”“没有！”“你们观察过身边的同学吗？”“没有！”我的声音一阵高过一阵，学生回答的声音也一阵高过一阵。

“你们在观察中发现过什么问题吗？王老师在观察中发现了许多有趣的问题，尤其是我们学校有许多小秘密！是什么小秘密呢？且听王老师悄悄地告诉大家!”

“话说某天晚上晚自习前，我在操场上散步。我顺着操场走着，突然看到一个学生手里拿着一个闪闪发光的东西，这个闪闪发光的东西在嘴边闪着光芒，这光芒还带着一缕青烟，这闪闪发光的东西是什么?”学生答:“香烟!”“哎哟，此情此景，我管不管?”学生震耳欲聋地说:“管!”

“我走到他身边，温柔地说:‘宝贝，请把你手里闪闪发光的东西熄灭吧!’这个小帅哥把那东西往地上一扔，抬起右脚一踩，闪闪发光的东西不发光了!”

“旭霞老师又沿着操场走，那一天真是见鬼了，老师碰见好几个闪闪发光的东西!旭霞老师不信邪，后来几天我有事没事就在操场走，操场上闪闪发光的东西少了。但我发现，孩子们，你们太聪明了，战场转移了，转移到哪里去了?”(此时我提高了语调)学生竟然异口同声地回答我:“厕所!”我故作惊讶地问:“你们都是我的托吗?怎么大家都知道啊!”全场大笑。

“孩子们，我们都知道吸烟的危害，吸烟对成长发育中的青少年的健康危害很大，不但影响你们的生长发育，还会影响你们的后代!”说到这里，我语调一转，用我们当地的口音说:“说白了，你不健康了，你儿也不健康了，你儿不健康了，恁孙嘞?”台下同学们发出一阵惊讶的笑声。

“话说又是某个晚上下了晚自习，怎么又是晚上呢?”学生高声回应:“晚上秘密多!”我笑着说:“旭霞老师走到校园里，突然一个女生张开双臂朝我飞奔而来，旭霞老师好激动，我以为是我的学生朝我飞来，因为也经常有学生朝我飞来。(此时茂凯同学男扮女装，穿着粉红的裙子，他和一凡出演一对情侣。茂凯从演播台一侧飞向台上另一侧的一凡时，台下的同学们爆发出热烈的笑声和掌声。)我也准备张开双臂迎接她，可是她却飞向了一个男生!好幸福地搂住那个男生的脖子，我是羡慕嫉妒恨啊!所以，我也跑过去对那个女生说:‘宝贝，我也想要你的拥抱!’结果，这个女生扭头就跑了，为什么不给老师一个拥抱呢?为什么呢?”台下同学们大笑。

“孩子们，你们正处在青春期，爱情的种子会悄悄地在你们每个人的内心深处发芽，发芽并不可怕，重要的是我们不能任其疯长！因为我们还没有收获爱情的能力！再者，美好的爱情犹如华美的内衣，我们不能把内衣穿在外面展示，你以为很好看，别人看着却别扭呢！”

“这是第二个秘密，青春的秘密，下面我分享第三个秘密。同学们，我是咱们学校的老师，可我现在不得已做了兼职，兼咱们学校的义务保洁员。王老师走到校园里，总是有捡不完的垃圾！各种食品袋、包装袋、塑料袋、卫生纸……我捡啊！捡啊！捡得手里都拿不下了，把手都弄脏了。每次捡垃圾时，我的心情都是不愉快的。学校的卫生就是我们的脸面啊，亲爱的同学们，我们会故意把自己的小脸弄脏吗？我们会拿笔在我们脸上乱涂乱画吗？不会的，每个人都会爱惜自己的脸面。那么，同学们，请你们也爱惜我们校园的脸面。王老师做出一个决定：从今以后，我向主动把垃圾扔到垃圾桶里的同学和主动捡垃圾的同学颁发校园之星徽章，并结合政教处给予加分和表扬！亲爱的同学们，我们是职高人，请让我们做一个文明、可爱的职高人，让我们人人都成为职高的形象代言人，谢谢大家！”

我在掌声中谢幕，后台一个学生说：“老师，您讲得太棒了！”

我走下主席台，和学生们击掌致意。

校园的秘密，是学生成长的秘密，我们为师者要好好引导孩子们的秘密，让青春的秘密在学校教育生活中健康地成长。

64. 梦谭奇录——我的梦中教学生活

总有一种真实假得像谎言一样，而我恰恰生活在这真实的谎言之中。

——题记

关于学校为何放寒暑假，网友们有各种调侃，有一点是毋庸置疑的：学习是辛苦的，教学也是辛苦的，师生需要休息、充电。因此对于假期，师生是期盼的，包括我这种对于学校生活痴迷得矫情的人，在期末时也感到疲惫，也想放假休息。

放假前，总是有各种对假期的幻想和规划，其中最大的奢望是好好休息！可纵观这几年的假期生活，我只能用一句常人难以理解的话来总结：白天沉浸在文字中与学生在一起，晚上在梦中与学生在一起。在梦中，或给学生上课；或和学生一起过校园生活；或参加考试；有时也在梦中听专家讲课，听到精彩之处常激动而醒。如此种种，夜寐不安，休息不好的痛苦更甚于工作期间的压力。

在此，我将我的梦境记录下来，权当释放一下压力吧。

话说某夜，梦中慌张去上班，乘坐一人力三轮车，速度极慢，心急，遂下车。在通过一车流时，有一人的自行车车把挂住我上衣衣摆，撕扯而下，慌忙前行。后又发觉自己赤脚而走，鞋子忘到人力三轮车上了，赤脚狂奔，寻鞋而去。鞋子没寻到，赤脚立于路边，欲拦出租车回校，却总也拦不到，眼看到了上课的时间，心急如焚……最后惶惶然不知何以至校，心安，大笑而醒。看表：早晨八时整！夫子（我爱人）云：“又痴癫！”

有时候，即便是午休，也在梦中给学生上课。一日午休梦见给甲班上课，下了课直奔乙班，从这个教学楼跑到另一教学楼，竟然找不到教室了。上课铃已响，惊慌失措，一巴掌打到了身边夫子身上，夫子愠：“又疯了！”

有天晚上更是做了一个奇特的梦，梦到自己又接了一个新班，去上课，推门进教室，居然是个黑人学生班。

这些黑人学生，竟然都带着刀具来上学，有菜刀，有匕首……在梦里我想到了某某弑师案；想到了上中学时在教室里勇夺菜刀的情景；也想到了我曾对学生讲过，自从我踏上讲台已经将生死置之度外……但醒后却不记得自己和黑人学生讲了什么，只记得这些黑人学生纷纷把刀具放到了讲台上，让我安心上课。

当然，我这个外语系毕业的冒牌货是用汉语给他们上的课，这一点我记得很清楚。

也许用“日有所思，夜有所梦”来解释我这匪夷所思的梦是恰当的。白天，我用我的笔描写我的学生，写到动情之处甚至眼含热泪。每每在晚上入睡之前，我也会想起我的学生，不知道哪个孩子就无端闯入我的脑海，然后他们就进入了我的梦乡。

年前放假后的一个晚上，我整个晚上都在梦里给学生上课，连上三节课。在梦里，我第一次体罚了学生，我打了一下那个最乖巧的佳明同学。就要期末了，她学习状态很不好。佳明在2017级幼教美女班，这个青春洋溢的小美女文采非常好。她坐在讲台下第一排，我常在上课前和她聊天交流，所谓情之深，爱之切吧，打了她我也心疼，便将她搂在怀里和她谈心。

第三节，给2018级的学生上课，打开课本，政治课本居然变成了语文课本，翻开课本是鲁迅先生的《孔乙己》。白天写了一篇文章《孔乙己后传》，梦里就开始给学生讲孔乙己……

上了一晚上课没觉得累，醒来却头疼，这种因休息不好而导致的头疼总是伴随着我度过整个假期。这种痛苦还不能与他人说道，这是大家无法理解的病症，这个世界上有种最难治的病是“你有病”！

我也知道自己有病，且无药可救，只能在文字中书写梦境奇录聊发慰藉之情，姑且赋诗一首表达我这无端的絮叨吧。

日日思情深，
夜夜入梦来。
问君何故耳？
宿寐思讲台。
身在卧榻上，
心抒梦中怀。
华发催暗生，
余志不能改。

65. 王老师的太窘生活

我把这篇文章放到本书的最后，是我对教育教学生活的一个总结吧。这几年来，我把自己种在了教育里，种在学校里，种在学生身上，忘记了人间的烟火，活成了一个笑话，甚至累了一身病，但我收获了快乐和幸福，这种快乐和幸福也在我这窘趣的生活中。

——题记

当一个人痴迷于某件事时，上帝也拿他没办法。

王老师近来沉迷在教育里不可自拔，废寝忘食亦不足形容，每在梦中也传道授业解惑，常半夜三更于梦中铿锵而语：“同学们好，上课！”身旁夫子惊吓而醒：“神经病，不可理喻！”

不可理喻的王老师过着太窘的生活，夫子置一笔记本记录下王老师的各种呆形呆状。

某月某日，在梦里上了一夜课的王老师起床洗漱，把牙膏当防晒霜抹了一脸，当然，这和曾经把墨水当润肤水抹脸上比不算啥。

某月某日，王老师抱着一兜鸡蛋上楼，脑子里只顾着思考学生的问题，一头撞到了南墙上，一兜鸡蛋悉数烂完，成了鸡蛋汤，当然，这和平时把自己撞得鼻青脸肿比不算啥。平时，王老师身上总是青一块紫一块的，上课太激动，撞学生桌子上；走路不看路，撞电线杆上；尤其在家做家务时心不在焉，拖地时胳膊肘子撞墙，走路时撞门，以至于夫子在家也需躲着王老师，怕被她撞倒。做菜时能打死卖盐的，更让夫子恐惧的是王老师常把锅熬干，夫子不得不让王老师从20年的厨师岗位上下岗。

当然，最令人担忧的是王老师常找不到家。王老师在这个工作了20年的小城里分不清楚东西南北，太阳每天都从西边升起东边落下。她只记得从学校到家、从家到学校的路，即便如此还有时找不到家。有一次，她从外地回来一下车就蒙了，在雨中淋了半个小时也没找到家。甚至有时上了自家楼敲错门也不是没有的。一次在楼下转圈，一老大爷对王老师说："姑娘，我找不到家了，你帮我一下吧。"王老师无奈地说："大爷，我也找不到家了！我找个人帮你吧。"

关于王老师去遛狗，不是人回来了狗没回来，就是狗回来了人没回来，这不是丢狗就是丢人的事，常把夫子的血压吓得忽高忽低的，夫子遂把王老师心爱的狗狗送了人，这实在是一件非常伤心的事情！

因此，王老师每次外出学习，70岁的老母亲是最放心不下的，平均每一个小时要电话询问一番："到哪里了？安全吧？"

为了免于母亲担忧，王老师尽量不外出，专心在家读书、写作。王老师读起书、作起文来亦是痴呆有加。只要坐到书房里，椅子就长到了身上，不吃不喝不眠不去卫生间……

关于卫生间，这是个有故事的地方。

话说又是某月某日，王老师在卫生间一边洗澡，一边思考她的学生、她的文章。夫子进来方便，看到王老师洗澡的样子勃然大怒："你，你，你这是洗澡还是洗衣服？天底下有穿着衣服洗澡的吗？你简直是走火入魔!"王老师低头一看自己，果真穿着睡衣、睡裤和棉拖鞋在洗澡。

至于戴着手表洗澡，那都不算啥了。

若是出门散步，夫子抓住王老师的手都不敢撒手，因为王老师的大脑和眼睛都没在路上。一次独自过马路，险些被一辆大货车拥抱，气得司机怒目而视，大骂："找死啊你!"

王老师身在人间，心在天上。

某月某日，王老师要去参加一个培训会，恰好那日是王老师与夫子结婚20周年纪念日。王老师对夫子说："亲爱的，结婚纪念日你一个人过吧。"夫子愠："我一个人怎么过?"王老师曰："你自己备些酒菜，从抽屉里找一张我的照片，把照片放餐桌上，给我倒杯酒即可。"夫子依计而施，酒至半酣感叹而言："王老师，看在你为家庭付出20年的情分上，暂不休你。"

感谢夫子不休之恩，不但不休，还鼎力支持。比如，在王老师笔耕不止时，常会端杯水放置面前。夫子曰："还需给王老师买一些尿不湿穿上，然后再在王老师的脖子上挂一瓶水……"

行文至此，王老师突然发现自己口渴，端起书桌上的水杯欲饮，水杯里没水，王老师假装喝了一口解渴。王老师经常如此解渴，那个什么望梅止渴大约就是此意吧。

王老师是谁？王旭霞也。